自驾中国·甲午冬

Zijia Zhongguo Jiawudong

马明 主编

人民交通出版社股份有限公司
China Communications Press Co.,Ltd.

内容提要

本书通过人文专辑、当季热线、公路专辑、自驾+X、行摄专辑、汽车物语等几个板块，编写提供了手工云南路、京沪陕泡汤地图等十多篇重磅美文。深度的文字、震撼的图片，不只是在解读自驾的文化，更在剖析路上的灵魂。

读者对象：拥有汽车驾驶执照、喜爱自驾游的人群。

图书在版编目（CIP）数据

自驾中国．甲午冬 / 马明编著．-- 北京：人民交通出版社股份有限公司，2014.12
ISBN 978-7-114-11896-8

Ⅰ．①自…　Ⅱ．①马…　Ⅲ．①旅游指南－中国　Ⅳ．①K928.9

中国版本图书馆 CIP 数据核字（2014）第 286478 号

书　　名： 自驾中国·甲午冬
著 作 者： 马明
策划编辑： 毛鹏
责任编辑： 徐菲
出版发行： 人民交通出版社股份有限公司
地　　址：（100011）北京市朝阳区安定门外外馆斜街3号
网　　址： http://www.ccpress.com.cn
销售电话：（010）59757615　59757988
总 经 销： 人民交通出版社股份有限公司发行部
印　　刷： 北京市凯鑫彩色印刷有限公司
开　　本： 787×1092 1/16
印　　张： 16
印　　次： 2014年12月 第1版 第1次印刷
书　　号： ISBN 978-7-114-11896-8
定　　价： 66.00元

刹车性能
测试场

《自驾中国》

导读

仅仅是20年以前，拥有一辆私家车还是一件挺时髦的事儿，可弹指一挥间，中国已经是拥有过亿辆私家车的国度。所以，“自驾车”仿佛一夜之间就红透了大街小巷。不用什么宝马香车，只要有一辆能开动的代步工具，有一台半新不旧的相机，有一颗说走就走的心，便随时可以做个自驾的行者，沿着高速，沿着国道，甚至沿着乡间小路，去勇敢追寻心中的乐土。

在旅行书籍铺天盖地的今天，为什么还要做《自驾中国》？那是因为当人们过多地把目光投向“50条最美线路”、“中国十大古镇”、“中国十大名山”这样的资讯式归纳时，还没有触及到路上的灵魂，还没有找到寄托内心的港湾。

说起四季的不同，人们往往会想到风光——春有百花秋有月，夏有凉

甲午夏

人文专辑 “车轮上的田野考察之旅”，比如“藏地转山季”、“新丝绸之路”等等。与专家、学者同行，搜寻最本质的人文现象，倾注最感人的人文情怀。

甲午秋

当季热线 以不同地理片区的风光、人文或者度假的特色推出适合当季的N条同主题自驾游线路。比如“八千公里追寻草原灵境”等等。

四季丛书

导读

风冬有雪。实际上，四季所表达的内涵远非风光之所及。春日问绿茶，明前雨后；夏日观夜空，斗转星移；秋日品醇酒，谷稻飘香；冬日访皇陵，沧海桑田。

自驾出行，不是要做一个从 A 点跑到 B 点的路人，而是要让自己的躯壳停驻在路上，让灵魂跳出来审视：我的人生，是不是只局限于中国地图上可以忽略不计的某个点；原来我活了几十年，竟然如纸剪的偶人一样平面而苍白……

以朝拜之诚心，踏四时之人文，领行路之瑰丽，思立体之人生。还等什么呢？

《自驾中国》四季丛书，每年分春、夏、秋、冬四辑，以“人文专辑”、“当季热线”、“公路专辑”、“自驾 +X”等多个版块来展示中国路上的大美。

甲午冬

公路专辑 这部分是沿 XXX 国道或者 XXX 高速公路做一个全线自驾游，把一条路做细，做透，挖掘到底，以人文展示为主，路为辅。

乙未春

自驾 +X 自驾 +X：结合季节性，设计自驾 + 禅修、自驾 + 高尔夫、自驾 + 潜水、自驾 + 滑雪等等具有针对性的自驾路线，每期 4-6 条，每年更新。

目录

手工云南路

撰文 / 摄影 / **李志雄**　绘图 / **刘超**　插画 / **陈洋**

民族色彩绚丽的彩云之南，25 个少数民族，15 个特有民族，创造了无数神秘、独特、瑰奇的灿烂文化，单单手工艺一项就数不胜数。曾经被艰险和铁血浸润的国道 214 线，以滇藏公路、滇缅公路的厚重代号在人们心中刻下了烙印，如今，就以扎染、藏刀、银器、紫陶和贝叶经这些细腻的手工故事让人们暂且放下沉重，去感受一下云南路上的愉悦和美好吧。

走遍云南

手工艺寻访之旅

路线示意图

沿着国道214线从滇藏线辗转到滇缅线，北上再南下，渐渐就梳理出了那些手工艺发展的一些脉络，在不经意间发现，这些脉络竟然与云南几条公路的路线不谋而合，实在令人称奇。

古老的集镇，最热闹的时候就是“三月街”

在昆明生活了几十年，似乎不能有一刻在城里安闲，因为云南这片土地实在是太神奇了，那么多少数民族，无一不是心灵手巧，无一不是在劳作狩猎之余载歌载舞，不仅创造了许多原生态的音乐和舞蹈艺术，更在服饰、器具、文字等诸多方面建立了非常独到的符号特征。那些令人醉心的线条、图案、旋律和姿态，无一不触动我对少数民族艺术的敏感神经。所以每次回昆明待不到半个月，就已经如坐针毡，必须要马上计划下一次的旅程了。

大约经过五六年的积累，我对大理、丽江、红河和西双版纳等地的少数民族手工艺越来越了解，也越来越痴迷，痴迷到想做一本《手工云南》的书，于是就更抓住每一次机会去深入采访拍摄，总算功夫不负有心人，几乎每一种技艺的传承人我都见到了，并且每一个原始的手工作坊我都住了很多天。沿着国道 214 线从滇藏线辗转到滇缅线，北上再南下，渐渐就梳理出了那些手工艺发展的一些脉络，在不经意间发现，这些脉络竟然与云南几条公路的路线不谋而合，实在令人称奇。

白族人家的庭院都很宽敞，多数都有几个染缸

周城

蝴蝶泉边学扎染，挑起巨大的万花竿

阿鹏和金花的故事广为流传，蝴蝶泉的名字也随之名满天下，然而，却没有多少人知道蝴蝶泉所在的大理市周城村。周城隐忍于蝴蝶泉的巨大光环之下，并没有自甘平庸，而是以如万花筒般绚烂的白族扎染技艺渐渐声名鹊起。从大理古城出发，沿国道 214 线滇藏公路段北行约 25 公里左右，就能看到周城的路牌了。周城村口有一个很大的农村集市，一座飞檐斗拱的古戏台默默地诉说着周城村过去的辉煌。集市广场边有两棵枝繁叶茂的大树，宛如两把巨大的遮阳伞。有白族妇女在树下纳凉，老远就听到她们嬉笑的声音。

周城村沿缓坡向西展开，村庄内用青石板铺成的古巷道纵横交错，连接着一座座“三坊一照壁”、“四合五天井”的白族传统民居，白墙青瓦，错落有致，鳞次栉比地连成一片。据说周城村 90 %的家庭都会扎染，本想自己在村里溜达一下，走到哪家算哪家，风吹哪页读哪页，学点扎染的知识。无奈白族的民居都是高墙青瓦，不便擅自闯入，便又回到村口的大树下找白族大妈拉起了家常。没想到，

把扎好的布挑起绝对是男人干的活儿

手工扎花的步骤都由巧手大妈们完成

在进行染色之前一定要先做成这种疙瘩布

“踏破铁鞋无觅处，得来全不费工夫”，白族大妈手上的活计就是白族扎染的“疙瘩布”。

这位白族大妈姓杨，是周城村的老住户了，听说我想看看扎染布是怎样做出来的，就带我去了她家。杨大妈家在纵横交错的古巷中，是一处典型的“三坊一照壁、四合五天井”的大院，大门两侧插着两柱粗壮的、燃过的大香，杨大妈见我一脸的诧异，笑笑说：“火把节，图个平安吉祥”。

进得院内，前院是杨大妈家扎染成品的展示厅，两侧厢房中堆着许多做好的成品扎染布，墙上挂着一些出自杨大妈家扎染作坊的得意作品，图案五花八门，题材包罗万象，实在让人有些眼花缭乱。进后院往右还有一院，杨大妈家的扎染作坊和晒场就在这里。扎染作坊的中央有 3 个染布的大木桶，每个直径约 1.5 米，一人来高，有两个染工正站在高高的木凳上用粗壮的长棍在木桶中搅拌。旁边架着两口大铁锅，炉火正旺，热气腾腾。再过去是一个大的晒场，染好的布挂在高高的竹竿上面——这画面有点儿让我想起了张艺谋电影《菊豆》中所展现的生活场景。杨大妈见我东拍拍西看看地来了兴趣，便把她们家的秀才、上过大理师专的孙女叫来解答我的那些连村中三岁娃娃都知道的好笑问题。

周城访扎染指南：

学艺：周城村全村居住 1500 余户白族居民，是大理最大的白族村镇。在这里可参观白族民居、集市、白族扎染的制作，幸运的话还可参加白族的婚礼，品尝白族风味食品，选购白族民间工艺品。寻找白族扎染作坊可在周城村口的集市上先向那些在大青树下扎“疙瘩花”的大妈们打听。

购物：周城手工业和商业历来比较发达，尤其是扎染花布和刺绣品，精工制作，远销海内外，购买时记得要还价。

周城隐忍于蝴蝶泉的巨大光环之下，并没有自甘平庸，而是以如万花筒般绚烂的白族扎染技艺渐渐声名鹊起。从大理古城出发，沿国道214线滇藏公路段北行约25公里左右，就能看到周城的路牌了。

土靛的蓝白，浸染的是周城白族女人的灵秀

据《杨氏启礼族谱序》载："杨氏原籍太和，居草角，自大明嘉靖年间，先祖启礼公，慕纺织之业，由草角而分迁周城、睽远两地。"周城村地少人多，耕地有限，历史上的村民就靠"亦耕亦织"来维持生计，织染便成为养家糊口的一项重要的传统产业。20世纪初，周城的土靛染布业已成气候，1931年以后，全村经营染布的人家多达300多户，周城的染布业达到了鼎盛时期。村民自织、自扎、自染、自销一条龙经营，产品畅销海内外，成为远近闻名的织染村。

周城村传统的染布业主要是采用浸染的方法，染出来的布分平面布、印花布、两面布和扎染布四个品种，其中尤以扎染布最负盛名。扎染古称"绞缬"，民间素有"疙瘩染"的俗称。即扎染前先在白布上印上设计好的花纹图样，然后用针线将有花的部分重叠或是捏褶儿缝紧，就成了"疙瘩"的形状。这一条一条的"疙瘩"经过反复的浸染处理，拆线漂洗后，未经浸染的"疙瘩"部分就呈现出各种花形，成品呈青底白花或是蓝底白花，具有强烈的视觉感染力，韵味独特。

周城白族的扎染技术基本上承袭了植物染料、手工扎花的古代传统工艺，染制的工具基本上还是

染缸的巨大更显出白族女人之娇小

沿用老祖辈传下来的用松木制作的木制染缸、用木质坚硬的栗木做的染棒、用竹竿和木支架做成的晒架、用岩石做的石碾子，唯一的现代化工具是带脱水功能的洗衣机，用来把扎染布经浸染或漂洗后脱水。虽然只有这一项现代化了，但是节省了大量劳力和时间。

扎染的工序一道都不能少

◆第一道工序是手工扎花。在白布上用针线扎出各种花纹图案，缝扎技术的高低直接影响到扎染成品的优劣。这道工序是灵巧妇女干的活计，在杨大妈家帮着扎花的都是些灵秀的“金花”。我一个大老爷们儿想学也插不上手，只能帮着干些浸染的粗活。

◆第二道工序是浸染。周城的扎染大多数是用一种被称为“土靛”的植物染料来浸染，一般说来浸染的工序随布料需要的颜色深浅而有不同，漂蓝布浸染 1~2 道，毛蓝布浸染 3~4 道，藏青布则要浸染 5~6 道。由于工序繁杂，有时一批布料要几天才能染成。浸染是个力气活，要不停地用染棒在染桶中搅动那些浸了染料的“疙瘩布”，我搅了十来分钟就出了一身的大汗，只好腰酸背痛地败下阵来。

周城访扎染指南：

交通：昆明到大理的高速大巴实际上就是从昆明到下关，票价 103 元（不含保险），车时约 4 个小时，中间加油站休息一次。出下关汽车站，门前有很多面包车拉客的，说直接到古城 2 元一人，这些车多是古城客栈的，拉到古城就直接住他家的客栈。从大理古城可乘来往的中巴或班车前往，票价 5 至 8 元。

住宿：因为周城仅仅位于大理古城以北 23 公里处，所以一般人还是选择住在大理。大理古城可选择的客栈非常多。

◆大理古城国际自行车旅馆：大理古城博爱路 68 号。双人标间（带卫生间)80 元 / 天，二人间、三人间 20--30 元 / 床 / 天。

◆大理古城国际青年旅馆：大理古城博爱路 181 号（玉洱路口）。双人标间（带卫生间)50 元 / 天，二人间、三人间 15 元 / 床。

◆大理四季客栈：大理古城博爱路 55 号。标准间 150 元 / 天、普通间 50 元 / 天、多人间 15 元 / 人 / 天。

◆三友客栈：大理古城文献路 1 号（古城南门口）。标准间 60 元 / 天、普通间 20 元 / 人 / 天。

◆榆安园：护国路西端，有一个大庭院，双人间 80 元。

◆清心庭院：大理古城平等路福康里 36 号，与北门城内基督教堂相邻，是大理仅存的少数白族民居之一，庭院古朴雅致。

◆复春和：古城护国路和复兴路交界处，是一座典型的“三坊一照壁”白族庭院式酒店。

◆水月假期客栈：有多种房型供人挑选，值得一提的是三楼带大露台的海景大套房，近 160 平方米的面积，享全视野的洱海美景，还有两个宽阔的瑜伽台，完全私密的温暖大浴缸。房价打折后 990 元（大假房价会相应调整），含两人早餐，房间提供免费饮料，水果。住两晚可到机场（大理古城）接，住三晚可机场（大理古城）接送。房间限成人加床一位，小孩加床两位，费用 100 元每位含早餐。中餐，晚餐可一边观着洱海美景一边品尝喜洲本地特色菜肴，每位每餐 100 元，小孩每位每餐 50 元，十年陈老普洱管够，各种饮料管喝，美酒管醉，是周城学艺后休闲发呆的不二选择。

【地址】大理喜洲镇河矣江村

【电话】0872-2475818

【手机】18987226433

【QQ】397447321

周城扎染的漂染过程很复杂，而且通常都是由作坊主亲自完成

◆第三道工序是出缸。扎染的人家每天天亮后的第一件事情就是出缸，把染好的布料搭在染缸上方的染棒上滤水，用洗衣机甩干晾晒。开洗衣机这种事没什么技术含量，于是我就帮着他们甩干一下染好的“疙瘩布”。

◆第四道工序是拆线。把已染好晒干后的“疙瘩布”拆开。

◆第五道工序是漂洗。在木缸中放入清水，将拆好的扎染布放入其中反复漂洗。这道工序如掌握不好会影响到扎染布花纹的成色。一般来说刚浸染出的织物蓝白色彩的对比视觉反差过大，要经过漂洗让扎染布稍有脱色，再向边缘浸染出一些淡淡的过渡色彩，使得色彩反差趋于缓和，这样才能在蓝白相间中折透出一种柔和朦胧之美。这道工序看似简单，但关系到成品的好坏。我用一块零碎的白布学着染了一下，在漂洗的过程中来体会浸透的那种微妙的变化，实在很有乐趣，尤其是看着那一定与其他布块不同的图案，确实有一种创作的快感。

◆第六道工序是用石碾子把布碾平，这道又是个力气活，我知道它的份量，还是看看就好。

离开杨大妈家时我看上了一块挂在她们家展厅中展示的扎染门帘，图案是一只螺旋的白色海螺，

扎染的成品在阳光曝晒之下不但不会褪色，还能更加柔美动人

在蓝色的底布上格外醒目。门帘的中缝穿螺而过，微风一吹，两片帘子一错位，海螺就幻化出无穷的想象空间。可惜杨大妈不卖，说是刚学着做出来的，这种不对称的图案很难在扎花、浸染、漂洗脱色的过程中把握准确。说她们再试着制作一些，我下次去时一定卖一块给我。

金花的喜洲，在南诏古镇里细细体味阿鹏的幸福

从周城往大理方向回走 4 公里就是喜洲古镇，喜洲位于大理古城以北 18 公里处，东临洱海，西枕苍山。喜洲距今有一千多年的历史，是南诏古城中留存下来的古城之一。南诏时期，城池建筑的宏伟，仅次于太和城和羊苴咩城，当年军事上北防吐蕃，也是佛教和商业贸易的重镇。喜洲是重要的白族聚居的城镇，目前还较为完整地保留着一大批明代、清代、民国以及当代各个时期各具特色的白族民居建筑群落。其中比较有代表性的为明代遗留下来的杨士云“七尺书楼”；清代杨源大院、赵廷俊大院，民国严子珍大院、杨品相大院等共三十多院民居。从布局上看是典型的“三坊一照壁”

及“四合五天井”的白族庭院格局。这些民居大多都是雕梁画栋、斗拱重叠、翘角飞檐，门楼、照壁、山墙的彩画装饰艺术绚丽多姿，充分体现了白族人民的建筑才华和艺术创造力。

喜林苑是杨家大院改建的会所式客栈，是美国人林登夫妇开的，主要招揽外国人，价格当然较高。他们一家子都在喜洲定居，夫妇俩有两个儿子，大儿子也能讲得一口流利的中文和当地人交流。即使不住宿，林登先生依然会陪参观的客人寒暄几句，但一般参观只能在第一进院落。本打算去喜林苑的咖啡馆喝上一杯便可以顺理成章地参观参观后院的露台和田园风光，无奈我订的水月假期客栈已经派车来接了，只能向主人告辞。

这里的车有特点，不是汽车，是马车。马车是去水月假期客栈的基本交通工具，我第一次坐马车游喜洲古镇，沿环海西路前行，沿途有极好的环湖风景，一路惊喜不断。

水月假期是一家由艺术家精心打造，阔绰的内部空间被精美的艺术品所陈设，充满地方文化特色和艺术气质的客栈。位于喜洲古镇的河矣江村，该村处处透着浓浓的白族文化，民风淳朴，有地道可口的喜洲美食。水月假期客栈四周被湖水和柳堤环绕，自然环境十分优美。

周城访扎染指南：

美食：

◆烧饵块

主要原料还是米，只不过这回是将米压成饼状，用碳火烤熟后，拌酱吃。除了新米的自然香味外，精华就在抹的酱上，一般有甜、辣和腐乳三种，甜的主要是花生、芝麻；辣的就是正宗的香辣酱；腐乳就是自己腌制的（与商店里卖的决不能相提并论），你可以根据自己的喜好要酱，也可以一个饵块抹两份酱（先辣后甜），价钱一般一元以内一块；糯米团就是将煮好的糯米，一粒粒晶莹剔透很漂亮的那种，包上刚刚炸好的油条，捏成一团，再撒上糖、芝麻、花生，高级一点的还有玫瑰，又香又糯又软——老人和孩子最爱吃；米浆粑粑、荞面粑粑的主要原料依然是米，米浆的就是将米磨成浆，荞面就加了荞面（据说可以降低胆固醇、血脂什么的），用一个小锅现买现做，还可以加鸡蛋，很香。

◆大理砂锅鱼

大理砂锅鱼，是白族地区特有的传统佳肴食品，味道鲜美，营养丰富，早已在国内外游客中享有盛名。用盘托底，连锅端上桌，砂锅内鱼汤翻滚，鲜香扑鼻，引人食欲，此时趁热食用，汤鲜肉嫩、味美可口，营养丰富。色香、味极佳。

◆泥鳅钻豆腐

泥鳅钻豆腐是大理白族的风味名菜。其制作方法是：用面盆注入清水，加入适量的面粉，滴上几滴芝麻油，将活泥鳅放入盆中，使其吐出肚中的污物，然后放入清水备用；把蕃茄、青辣椒、木瓜、土豆、白菜心、团葱洗净，把滤好的酥油倒入，加进蒜泥炒一下，加入小瓜、土豆、云腿、蕃茄、青辣椒、白菜心、团葱、生姜、小白菜煸炒几下，再将富强粉，水发粉丝、精盐、胡椒粉、花椒叶拌勾，倒入砂锅，视砂锅大小加入清水和适量的牛奶，接着把活泥鳅和大块豆腐放入，盖上盖，置于中火上；随着汤慢慢升温，泥鳅在汤中乱钻，一直钻进豆腐内，待熟透即可上桌食用。

新华村手工打造的各种银器

精致的藏族腰刀成品

新华

藏刀打造纯手工，小锤敲过一千年

一个用小锤敲出辉煌的村庄？如果不是身临其境，很难理解这种说法。用小锤敲出了什么呢？原来是纯手工打造的藏刀。藏刀在青海、西藏、云南、四川的藏族聚居区是很常见的物什，基本上家家都有，而且往往不止一把。这有什么稀奇呢？我带着十分好奇的心情从周城村又上了国道 214 线奔北而去，大约 110 公里左右，已经能感到景色与滇缅段完全不同了。滇藏路上，不是怀着独行侠梦想的行者，就是往来出门或回家的藏民。藏族男人离家在外大多挎着一把藏刀，从前是大刀，现在则是揣在怀里的小巧之物。

很快地，我们就看到了那块“小锤敲过一千年” 的巨大招牌，看来这种说法并非外人讹传，而是当地引以为豪的一个象征。从这块招牌处下国道，再走两公里左右，就到了敲小锤的村庄——大理鹤庆县新华村。

新华村早在南诏国时期就开始了加工制作手工艺品，他们打制的铜器、银器沿着茶马古道传到了

新华村的铜器打造不亚于银器

精巧的铜壶，既装奶茶又装酒

年轻的工匠正在打制藏族腰刀

云南的迪庆高原，四川的康定、阿坝地区、西藏，又从西藏出境到了尼泊尔、印度，深受当地人的喜爱，至今已有一千多年的历史了。

第一次去新华村是6年前的一次巧遇。当时是从迪庆的中甸县城（现名香格里拉县）回昆明，从早上起来就一直在赶路，开车开得腰酸背疼，正好在这时路过了新华村，便进村去稍事休息。坐在村口的树下喝着茶，隐隐听到一阵敲敲打打的声音，一时好奇，便循声而去。那是村西的一户人家，虚掩着门，里面传出小锤敲打的声响。信步推门入内，原来这是一家卖藏刀的铺子。主人和他的徒弟们正在合力打制一把藏刀，虽然还未完成，但已经能明显地看出，那刀上的花纹非常精美，而刀鞘上的浮雕图案就更绝了，不用斧凿钢钎，完全是小锤敲出来的。我不禁完全被这种精湛的工艺吸引了，借口想讨口水喝，就有幸看到了一把新华藏刀全部的制作经过。

等到藏刀制作完成，我拿在手里，真是越看越爱，而且被主人的手艺深深折服，就动了想收藏一件孤品的念头。我曾经从西藏带回来两件小小的挂饰，一件是大鹏鸟，一件是手握大刀的雄狮，都是藏传佛教中神力了得威力无穷的神仙，可惜挂件太小，只能佩在身上，没法挂在家中消灾避邪。

大理鹤庆打银器——打制藏族酥油灯

这回当然不能错过这个难得的机会，我请主人将它们放大成一个 10 寸左右的铜挂盘，用凸浮雕方法打制，然后便启程回昆明。一个月之后，有朋友路过大理帮我把铜盘取了回来，拿到手的那一刻，我简直惊呆了。铜盘的做工和艺术表现力都超出了我的期盼，大鹏鸟和雄狮的细部制作极为精细，并且放大与组合都做得恰到好处，我如获至宝，赶紧把它挂在客厅的明显位置，如今每有新客到访总会赞叹一番。

再访新华村，藏刀风光不在时银器依然辉煌

这次再访新华村就直奔了这户人家，当年的主人寸银青刚好在家，只是不见了他的徒弟们，寸银青的活计好像也清淡了许多。原来徒弟们都在他这里学有所成，艺高人胆大后就都自立门户带徒弟开作坊了。寸银青也落得清闲，一改过去用模子打制藏刀的方式。原来每把藏刀几乎都是一个模式式样，现在寸银青自己设计制作出一种精美的藏刀式样，材质也从铜制一种改为按档次分成纯银、白铜和黄铜 3 种。寸银青不喜欢用模子，每把刀他都是随心所意的发挥，并且是全手工打造。他设计的藏刀刀鞘上打有龙凤凸浮雕，雕刻精细，中间配有鲨鱼皮饰。刀把上雕有平花图案和浅浮雕雕饰，饰有红珊瑚、绿松石，可以说每一把都是藏刀中的孤本精品。作为一名老摄影师，这不禁让我想起黑白胶片的回归，尽管已经是数码时代，手机、单反和微单成了全民参与摄影的主流，但是那种传统的质感仍是许多怀旧人士的最爱。手工打造的藏刀也是一样，不管现在的模具做得有多精致，

制作藏族酥油灯的坯材

总是不如每一把都独一无二更让人心动。

新华村当然不是只有寸银青一位匠人，这第二次进村我几乎把村里的作坊走了个遍。寸发标是新华村最牛的银匠，他打制的银制九龙茶具每一套要卖到上万元。寸发标收有许多徒弟，为他做些粗加工的活计。我本想混在他的徒弟之中跟寸发标学点手艺，无奈在他家左等右等仍不见他的踪影，只好作罢。

寸光伟是寸发标家邻居的邻居，在新华村里也算是个银匠世家的第六代传人了。寸光伟今年29岁，是兄弟四人中最小的。在他童年的记忆里，只知道他父辈的父辈就是银匠了，背着个小炉子游荡在四川凉山彝族地区，迪庆、西藏，为一些富贵人家打制酒具、银碗、藏刀，还有妇女的手饰。现在他的大哥、二哥、三哥都在西藏拉萨打造银器。寸光伟十五六岁时便跟着大哥在拉萨闯荡，几年之后，他从大哥那里承袭了这份手艺后回到家乡来发扬光大。目前寸光伟的生意主要是从拉萨接订单专业打制大大小小的酥油灯具，一年要加工两三千件发往拉萨。

寸光伟收有五个徒弟，都是邻村的农家子弟。去年还带过一个广西游客，背个大包来新华村逛，喜欢上了银器手工艺，就在他家住了一个多月，每天都和徒弟们一起干活，混吃混喝的跟着寸光伟学手艺。走的时候抱着一个他亲手打制的银酥油灯回去，现在还时不时会打电话来。

寸光伟愿意教我一天，让我体验一下匠人的生活，我狂喜，明知道就一天的时间学不到什么真正的手艺，但来到这里能动手就是成功了。

做酥油灯完全是男人干的活儿，共有五道工序

◆第一步是下料。在铜皮或银皮上划一个圆，直径因材质不同略有区别。相同大小的酥油灯，下料时做铜的就要比做银的直径大一点儿，要考虑缩耗。这道活就是玩剪刀的工夫，在铜皮或银皮上剪下一个圆来，是个枯燥乏味的力气活。

◆第二步是敲打成形。要把剪下的平面在一个凹形的钢模上敲打出酥油灯的大体形状，敲打时要一边回火一边敲打，使得打出的凹形圆体厚薄均匀。我敲打了一阵，要打得均匀就要掌握好回火的火候，可边玩边做。

◆第三步是雕花。这一道工艺是做酥油灯的关键，首先是要在敲打成形的凹形圆体中注入熔化了的铅，起到支撑的作用，然后在木头的支架上用铁钻慢慢地敲打雕花。我最想学的就是雕花，一天的时间不可能亲自做出一个来带回家，只能用一个在第二道工序时打废了的来练。雕刻花纹时左右手要高度配合好，左手控制花纹的走向和弧度，右手控制好敲打的力度和节奏。雕花时要注意图案的对称，用锤的轻重来控制浮雕的深浅、均匀。

◆第四步是焊接安装组件。这道工序要把酥油灯的 3 个工件组装焊接为一体，一般都是寸光伟亲自操刀。

◆第五步是清洗抛光。把酥油灯用清硫酸清洗后再用丝绸抛光。

告别师傅寸光伟时，寸光伟特意把他的父母叫来，抱出他的一对双胞胎儿子让我给他们家照一张全家福，要寄给他在拉萨的哥哥们。

新华村访藏刀指南：

交通：新华村距大理 140 公里，距丽江 40 公里，距丽江机场 12 公里，可谓是四通八达。各个方向都有汽车经过新华村，在竖有一块写着 “小锤敲过一千年” 的巨大招牌处下车，换乘当地的微型车，一元钱的车费就能到达。在周城的路边搭乘大理古城到双廊的中巴或是公交，很方便。

食宿：哪家学艺就在哪家食宿，只要肯出汗愿学艺就行。不过在学艺的间隙建议你到村边的小食摊儿上去尝尝当地油炸的蜻蜓、蚂蚱和小鱼。

学艺：

◆**寸银青家：**新华村 292 号，专业做藏刀。

◆**寸光伟家：**新华村 179 号，专业做藏族用的酥油灯。

◆**寸发标家：**寸光伟家隔壁的隔壁，什么都做，银制的九龙壶茶具闻名海内外。

购物：参观一下新华·石寨子的云南银器博物馆，就在村口的广场旁。在这里还能买到银器、玉器、大理石制品，藏茶、藏药、普洱茶等。若在村口的小摊儿上购物要学会辨别真假和砍价。

打一盏酥油灯的全部过程

曾经寂静的小渔村如今成了度假村斗艳的名利场

双廊造一梦，两条河曲见证了大理的岁月流转

去新华村学银器制作要先过大理的双廊。对外地人来说，双廊是现代人遗落在洱海边的一个梦。对生活在双廊的人来说，双廊是他们生活了千百年不曾改变的纯美家园。即使旅游的大潮席卷到这里，也没有改变双廊生活的本质。游客是游客，生活是生活。我们可以做双廊的游客，也可以在双廊自由生活。双廊面临洱海，背靠鸡足，西望苍山。神说，这样的双廊还不够美丽。于是，清澈的洱海水在双廊转一个弯，再转一个弯，萝莳曲和莲花曲就像两条走廊，将苍洱间最美的风光蜿蜒到极致。玉玑岛和小金梭岛，像一双巨大而美丽的鹿角，娉婷地伸进莲花曲，将洱海隔出一个天然的港湾。双岛双曲的美景，让双廊这个名字，充满了令人遐想的意味。

抵达双廊有三种方式，第一是从下关沿大丽公路北行，过大理古城、喜洲、周城，在去鹤庆新华村的途中从江尾岔至双廊。这一路行来，约 40 分钟就从现代城市渐入既古老又处处透着文艺范儿的渔村，穿越繁华，就能来到我们想发呆的另一个家园。

第二种方式是从下关沿洱海东岸的环海公路北行，左边临海，右边靠山，山光水色之间，是错落有致的村寨，青瓦白墙里面，隐藏了千年的白族生活，每一幢房子下面都有一个故事。过海东，过挖色，在最美的地方停下来，就是双廊了。

第三种方式是从下关坐船直达双廊码头，虽然是小巧精致的高原湖，却一样有烟波浩淼的壮阔。看渔帆点点，夕阳的金光洒满碧波，有眩目的美。

“海之书馆”是我的一个朋友阿文的绝作，多年前她驴行至此就迷上了这个地方。阿文是一个户外运动的爱好者，她的最大喜好就是爬山，爬云南的雪山，爬四川的雪山，爬西藏的雪山，爬尼泊尔的雪山。阿文还很“文艺”，喜欢读书，人文类、文艺诗歌类、旅游类、摄影绘画类、音乐类通通喜欢读，久而久之阿文萌生了开个书屋和客栈的念头。写到此各位看官一定猜到了，阿文的书屋肯定是开在双廊了，没错，是开在双廊的玉矶岛上，起名叫“海之书馆”，也是我每次去必须要去的地方。我不想说我是多喜欢这里，说了大家也不信，还会把我当成托儿，摘几段游客的留言吧：

“海之书馆，一杯清茶半日闲”；

“一壶茶，一块甜点，一个下午，一个人的安静”；

“灯光，沙发，悠静的音乐，水天一色，一切尽在梦幻中”。

我在双廊大部分时间都会待在“海之书馆”，在此处可以歇一歇，等一等，在一本书前幻想……住下来，听听音乐，看本书，看她现有的书，也看我在家想看而不能静静的静下心来看的书。一壶茶，一杯咖啡坐到日近黄昏后。

另一个朋友是位画家，提到双廊的时候，只说了一句话：“那一次我到双廊，那里的向日葵开得太美了，我在那住了一个月，天天去画同一棵向日葵，从它开花，一直画到它凋谢。”朋友是个单纯的人，单纯而天真。也许只有这样的人，才会不停地寻找美，寻找心灵的故乡，寻找安放灵魂的地方。

春节的时候到达双廊，恰好是这里接本主的日子。

接本主崇拜是大理白族特有的一种宗教形式。大理地区的本主庙有近千座。本主崇拜的对象和内容十分广泛和复杂，它包括了神佛、菩萨、龙王、君主、将军等各类神灵，还有民间传说中的英雄好汉，甚至连一些大石头、树疙瘩、猪、狗、马、牛都可以作为本主崇拜的对象。所以大理民间有“五百神王”的说法，有人说大理白族本主的神灵比希腊的众神还要多。

当本主接到玉矶村时，村里跑出来很多穿夹克T恤牛仔裤的人，他们中有些还留着长头发。虽然打扮不像当地人，但他们却跑在最前面，很激动地接上本主，拉着木轮车就往村里跑。一路上嘻嘻哈哈地高兴得不得了。其实你不用奇怪，这是一群定居在双廊的艺术家们。他们来自不同的地方，分属不同的艺术门类，有不同的艺术主张，但是他们都不约而同地被双廊所吸引，留在这个古老又文艺的地方，长久不愿离开。

双廊住宿指南：

在双廊的客栈大大小小约有30、40家客栈，价格在100—1500之间不等，比较有特色的几家如半岛63号、粉四酒店都比较难预订，须提前至少1个月才能订到海景房，普通标间相对没那么紧张。

◆双廊《海之书馆》客栈：

【预订电话】0872-2461458，杨雷 18987217435

盛大的纳西古乐演奏会

纳 西 古 乐 会
納西古樂會

东巴纸世家的传承人

丽江

听梵音、捏泥塑，东巴纸上的纳西史记

有人说到丽江没听过纳西古乐就不算到过丽江，这话我同意。其实我出生在丽江古城五一街的一间民房中，两岁时才随父母工作调动来到昆明。然而我对丽江有印象是 1996 年 2 月 3 日丽江地震过后不久的事，在一间纳西小院中听宣科先生主持的纳西古乐。那时听的人不是很多，我有幸坐在了前排，近距离地欣赏了一次纳西古乐。那时在台上演奏的 70 岁以上的老人比现在多得多，“四方街大使”都还健在，宣科算是他们中的青壮年。

纳西古乐由《白沙细乐》、《洞经音乐》和《皇经音乐》（《皇经音乐》现已失传）组成，又融入了道教音乐、儒教音乐，甚至唐宋元的词、曲牌音乐，因此被誉为“音乐化石”。《白沙细乐》起源于“元人遗音”，创自民间。现存 7 个乐章，各个乐章音调联系密切，结构严谨，可单独演奏，也可连奏成一大型套曲，表现了凄凉、怀念、悲痛的情感。纳西小院中，一曲曲古曲透过这些老人手中的丝弦慢慢蔓延开来，宛如来自天庭的梵音，触及灵魂。从那天起我知道了丽江。

东巴纸佛教彩绘

纳西族做东巴纸的主要原料是一种生长在金沙江边海拔2000米左右的有微量毒素的树皮，在纳西族土语中叫“弯呆”，是一种多年生直立灌木。

后来听说宣科老师办了一个学习班，招收的都是些纳西小孩子，意在拯救和发扬纳西古乐，深以为是，便跟踪采访拍摄。本想自己也能学着鼓捣几下，结果还是败下阵来。纳西古乐没学会，却歪打正着和宣科老师成了朋友。以后只要有机会到丽江，总是要去听听纳西古乐。十年了，丽江古城发生了天翻地覆的变化，已经不如当年“纳西”了，只有纳西古乐还是一千年前的纳西古乐，梵音依旧，只是老人又走了几位。

这次到丽江，当天就联系了宣科老师，晚上去听了古乐，约好第二天去拜访他老人家，学点欣赏古乐的知识。第二天我如约而至，却被告之宣科老师身体不适，连晚上演出时的主持都安排学生代替了。我给宣科打电话表示慰问，宣科的声音有些微弱，但还是用坚定的语气告诉我说，听纳西古乐不只要听音律更要听懂内涵，有三个要点：“第一，听的时候不要让流畅的音乐在耳朵里中断；第二，用心去感受音乐中的喜怒哀乐，加入自己的人生阅历；第三，张开想象的翅膀跟着音乐飞翔，这样你就可以体会到另一种境界，使灵魂得到净化。”

当晚，我以宣科的方式又听了一场，感觉确实不一样，虽然还到不了跟着音乐飞翔的境界，但是心绪却由热闹转为沉静，就连纳西老人们大红大紫的服饰也不再觉得扎眼，而是充满古旧的韵味。

当回造纸工，做纳西族小伙子的学徒

纳西人留传下的两大文化遗产，一是纳西古乐，二就是东巴纸。在丽江古城的街上处处都是卖东巴纸的小店，不过一般人们很少去探究东巴纸的出处。玉龙雪山下有一个黑龙潭公园，那不仅是一个欣赏雪山风光的地方，还有一个东巴文化研究院。在这个研究院里有一个东巴文化鉴定展示中心，这里不仅展示各种东巴文字和泥塑，还为各种对东巴文化感兴趣的来访者提供了一个学手艺的机会。我在这里美美地待了一个下午，既看到了东巴纸的完整制作过程，还跟着师傅做了一个小泥人，一举两得。

我的师傅衣下是个纳西族小伙，从师于造纸世家第 12 代传人李学光。李学光做的东巴纸在丽江地区名气很大，是书写东巴文和画东巴画的上品。这样算来，我也是李学光的一个间接弟子了，只是未得谋面而已。

中国古代造纸大致分成两个体系，即浇纸法和抄纸法。用固定式纸帘加纸药浇纸，在阳光下自然晒干的造纸方法是浇纸法，流行于南亚次大陆和东南亚地区，西双版纳的傣族和西藏的藏族手工造纸术大多属于这一类。用活动式纸帘抄纸加入纸药，槽式捞纸挤压的方法是抄纸法，属于内地造纸法。从东巴纸的生产工具和生产工艺来看，纳西族的造纸技术既有抄纸法的槽式捞纸的特点，又有固定

捣纸浆的过程很苦很漫长

式纸帘加纸药在阳光下自然晒干的浇纸法的特征。故而纳西族的东巴纸造纸法融合了中国古代造纸的两种技术。这土法做出的纸张大都厚而坚韧，多用于书写佛教经书。

纳西族做东巴纸的主要原料是一种生长在金沙江边海拔 2000 米左右的有微量毒素的树皮，在纳西族土语中叫“弯呆”，是一种多年生直立灌木。

做东巴纸的原料就要经过 6 道准备工序：1. 将“弯呆”砍来，剥下树皮晒干；2. 将晒干的树皮在水中浸泡 15~20 天，把泡软的树皮再刮去最外层的黑皮，再次晒干；3. 再浸泡 3~5 天，把原料修剥成 10 厘米左右的短节，把较厚的树皮剥离，使所有的原料大小厚薄均匀统一；4. 晒干后加一点灶灰煮 5~6 个小时；5. 将煮透了的原料捞出在清水中用手搓洗；6. 用一杵棒在一个大树墩上砸原料，达到再次分离纤维的目的，然后浸泡待用。

前面的这 6 道工序既耗时又耗工，我就免了。我要学的是把纸浆做成纸，然后请纳西老人在东巴纸上写上吉祥的东巴文带回家去。

做东巴纸又有 5 道工序：首先衣下让我把砸好的原料放入杵桶中杵成纸浆，这个过程既是力气活又是技术活，劲儿小了不行，杵不好又会把纸浆溅到脸上。纸浆弄好了，衣下又让我把纸帘固定架放入盛满清水的木槽中，把纸帘放在固定架上，倒入纸浆，用手轻轻地将纸浆在水中匀开匀平，慢

正要拿出去晾晒的东巴纸

我（中间）在跟师傅学艺

慢慢捞起纸帘固定架，接着让我把纸帘从纸帘固定架上轻轻地取下来，把捞出的湿纸贴到木板上，拿到太阳底下晒。等晒到半干时，衣下让我用裹有麻布的研光器在纸上压一压，使纸张平整。最后待纸晒干后（2~3 个小时），让我一手拿纸、一手轻拍木板，使纸与木板分离，再用研光器刮压纸张，使纸张有光泽。这样一来，一张东巴纸就算做成了。东巴纸因含有微量毒素，传说可千年不蛀。

至于做泥塑，则纯属做纸之余的一个娱乐。东巴泥塑起源于东巴祭祀。过去，纳西族的家庭或是村寨每年都要不定期地举办一些祭祀活动，祭家神、寨神、灶神、山神、畜神、树神等。纳西族祭祀按一本叫《卢模》的经书规程进行，东巴教中所有鬼鬼神神的都要造像。大型的祭祀有百十名神鬼在仪式中出现，中小型的也有五六十尊。在祭祀的进程中东巴（东巴巫师，简称东巴）们要一边诵经一边塑像，这样一来就练就出了东巴们塑像的本领。

东巴文化鉴定展示中心有 3 位艺人教泥塑，他们中两人来自藏区，一人来自丽江三坝东坝茨恩底村。泥塑风格各异，题材大多信手拈来，这种即兴创造会带来很多意想不到的作品。说实在的，这趟学艺之旅我唯一能独立完成的作品就只有泥塑，可能也就是因为它不拘一格的缘故吧。一块泥在手，余下的就是随心所欲地发挥想象。

束河古镇著名的白沙壁画

茶马古商道上如今已经很难见到马帮的身影了

淘淘新丽江，在束河的茶马古商道上取静

束河古镇是茶马古道的一个主要集散地，茶马古道的主要路线有两条：一条是从云南的西双版纳勐海县南糯山、巴达山及勐腊县的易武、象明山区以及思茅一带发出茶叶，在今天的普洱市集中，然后转由丽江的马帮驮运出发，经大理、丽江、中甸、德钦到西藏的邦达、察隅或是昌都、洛隆、林芝进拉萨，再转道江孜、亚东出境到缅甸、尼泊尔、印度；另一条是从四川的雅安出发，经泸定、康定、巴塘、昌都进拉萨，再出境到缅甸、尼泊尔、印度。在这两条主线沿途又分布着许多大大小小蜘蛛网状的支线，遍布各个角落，把滇、藏、川大三角区域息息相关的联络在一起。

云南的这条线进藏又分两条小路，一条从松云村通往西南方向的古关隘黄山哨，从拉市到石鼓、巨甸、鲁甸、翻越栗地坪，过维西保和镇、到澜沧江边后，沿江北上，过燕子岩栈道，到德钦后再从溜筒江过溜索去西藏；另一条从九鼎龙潭和坡底小潭边经过，蜿蜒伸向西部的玉龙山山峦中，经过文海村直达丽江龙蟠，渡金沙江，翻越十二栏杆，到中甸县城，然后过上桥头，从奔子栏用独木舟渡江，翻越白茫雪山抵德钦城，然后亦从溜筒江过溜索，翻梅里雪山进西藏。这两条道都是茶马古道上的要道，行程近六千里，需一百多日。过去从拉萨运回丽江的货物中，大量的都是皮毛、山货、药材等。

沿着束河古镇的四方街往西过青龙桥，是一条千百年来走过无数马帮的五花石板路，据说是束河村一帮长年奔波于茶马古道上的藏客们在20世纪三四十年代集资铺砌的。如今石板路石面上的天然图案仍清晰可见，在淋漓的细雨中纹路格外抢眼。路旁出售马鞍、马铃、马灯、皮口袋、酥油桶，以及来自西藏、印度、尼泊尔的各种旧货和工艺品的店铺依然古老。再往西，走至小溪流淌的地方，这时无论你是往左走，还是往右走，你都是站在束河古镇茶马古道驿站的出发点上。

布农是我在丽江认识多年的朋友，他曾两次单枪匹马的从丽江出发，徒步沿着滇藏线的茶马古道长途跋涉去寻找心灵的慰藉。途中悬于马胸前单调的铜铃声启发了他的灵感，便找来两块木片在上面画上震撼他的澜沧江和卡瓦格博图画，并写上沿途感言，分别挂于马上和自己的胸前。他历尽艰辛跋涉近两千公里，沿途受到9位活佛的开光加持，保得了一路平安。回到丽江后为让有缘人分享平安的祝福，便在古城中开了一家小店出售“布农铃”。后业务壮大，便盘下大石桥旁一两层老房。从此，每当游人从桥上通过，清脆的布农铃声就会在桥旁响起，一响就是十年。

布农有个愿望，想在丽江的玉龙雪山下，拥有一个属于自己的纳西小院，听着马蹄在古老的石板路上踏出的声响，合着清脆的铃声画自己喜欢的画。束河古镇就是他的所爱。

布农小院坐落在束河古镇茶马古道驿站的出发点往右不足20米的地方，是束河古镇酒吧一条街中最美的一段，我两次去束河都下榻于此。晚上听听布农的音乐收藏，白天就坐在淌着小溪的窗前发呆。

束河酒吧是小资天堂。束河的酒吧清一色地围着水转，逆水而行就能走到束河老四方街，酒吧一条街沿水而建，一家挨着一家。真正腻了丽江古城里那嘈杂酒吧的人在这里算是找到家了。其实，

束河的酒吧装修都比较古朴，不过在丽江周边也算是闹中取静

喜欢在束河泡吧的人都是冲着束河酒吧处处都透着小布尔乔亚的那股浪漫。“雅尔加夫”“彼岸花”“候鸟”“碧水云天”“清如许”“守望者”“风的颜色”“音乐游侠”“布农小院”……这些都是束河酒吧的名字，组在一起像一部言情章回小说。

站在青龙桥上就能看见“龙门客栈”，一个破烂的院落中种着许多向日葵，古老的晒谷场中树立着数十根千百年来用于晒粮食的木柱，直指苍穹。“龙门客栈”的布标迎风飘扬，躺在一面破了一个大洞的土墙里看一天书，听听世界各地的音乐，没有人会来打搅你。听说“龙门客栈”愿意提供给自愿者居住，不发工资。住在客栈的人可在两个院子里过免费、简单的生活。如帮着客栈、酒吧经营，若有了收入，那么本地的一些生活和教育条件不好的小孩就会得到一些来自“龙门客栈”方面的经济帮助。

在“生活会馆”中落座，要一瓶啤酒，一碟海棠果，翻着几本厚厚的歌本，才知道主人是群好歌之徒。聊莎拉·布莱曼、聊《中国好声音》，聊云南的原创歌曲，才知他们原创了400多首歌。抱一把吉他，从友情、亲情、爱情、唱到人生、理想，喜欢哪首唱哪首，从天亮唱到天黑。走时买一碟他们的CD，用蓝、绿、粉色的卡纸折叠成封套，正面是主题歌曲目，背面是束河仁里村小朋友稚嫩的图画。

最有意思的一家酒吧我却想不起名字了，就在我们住的布农小院的隔壁，临水。穿过屋有一小院，房子有一面的墙是敞开的，看得见放了许多榻榻米，人可躺可坐。有一对前年在此相识的青年，男的是成都人，有自己的公司，女的是昆明人，自由职业。两个人在此相遇，恋上了，从此QQ、微信不断，这次相约在此再次相会。那天是女的26岁生日，男的特意买了蛋糕。听说店家的烤乳猪不错，两个人吃不完，就相邀我们一家三口凑个份子。

店主在小院中架上炭火烤乳猪，天空中下着蒙蒙细雨，酒吧里就我们五个人，点亮了红色的灯笼，我们躺在榻榻米上，喝着店家自酿的白酒，用小刀把猪肉割下来吃，那晚真是过得酣畅淋漓。

那天成都男孩向昆明女孩求了婚，用乳猪尾巴当礼物，我们一家三口作了见证人。

丽江寻访东巴指南：

交通：束河古镇距丽江市区北面4公里，出租车15元，乘微型面包车2元/人，门票30元/人。

食宿：说句掏心窝子的话，丽江是很多人心中的梦，食宿购行玩，100个人可以找到100种自己喜欢的方式来满足自己，千万不要听指南的。

学艺：宣科的纳西古乐会在丽江古城。订票电话：0888-5148401，晚上8点开演，最好提前去订票，购票时一定要问是否是宣科主持。散场时可瞄准空档和宣科聊聊，拍个合影什么的，说不定还能长长见识。

东巴文化鉴定展示中心在黑龙潭公园内，入门时要买40元的门票。学造纸和泥塑不收费，想带走东巴的字画却要破费点银两，小幅字画约200元，大幅的要300元。至于自己做的泥人就看造化了，伺候好了3位师傅也许就能让你白白带走。

烧紫陶的窑场多在建水镇郊

上午十点左右，在朝阳门下遛鸟的老大爷们才慢悠悠地离去

建水

窑火烧出来的村落，最美不过窑变紫

这次寻访云南手工艺，只有一个地方不在国道214线上，那就是红河哈尼族彝族自治州的建水县。中国有四大名陶，江苏宜兴的紫砂陶、广西钦州的坭兴陶、重庆的荣昌陶和云南红河的建水陶。而在建水的陶瓷发展史上，宋有青瓷，元有青花，明有粗陶，清有紫陶。紫陶是最晚的一个，但却在历代陶瓷制作水平的不断发展中积累了丰富的经验，因此烧制工艺登峰造极，尤其是窑变的赤紫色，古朴典雅中又不失高贵。

建水产紫陶，我很早就听说了，但前几次到建水都没能去参观紫陶的制作过程。这一次，当地的朋友听我说想看看做紫陶，竟然帮我联系到了建水紫陶大师陈绍康老先生，并介绍我到他那里去当一天的徒弟，这实在令人喜出望外。

陈绍康老先生家住碗窑村，也就是玩陶人口中那个“窑火烧出来的村落”。碗窑村始于何年何月已无从考证，现在的人只知道这个村落是因世世代代以制陶为业的人居住而形成的。走进碗窑村，

修坯简直就是一次伟大的艺术孕育

搅浆滤泥虽然费力气但更是技术活儿

比较精致的建水紫陶成品展示

在村民的指点下，沿着几乎是用残缸破罐垒起来的土墙间的小道很容易就找到了陈绍康老先生的家。见到陈老先生我暗暗吃了一惊，一个成天跟泥巴打交道的人竟会有如此儒雅的气质。

陈绍康出生在制陶世家，自幼受家庭的熏陶迷上了制陶。但他父亲却不让他学，要他好好读书做教书先生。陈绍康的父亲读过私塾，在村里算是个知书达理的人，不想让儿子学自己的样儿做个捏泥拉坯的。可陈绍康就是喜欢这些陶陶罐罐，不让学就晚上偷偷地学，有时做了件得意的陶器，就把它放在他爹做的陶器中显眼的地方，然后等着看他爹在别人面前自得的表情。

紫陶杨林锅，没有神秘的窑变就没有绚丽的紫

建水紫陶的生产始于清代道光年间（1821—1850 年）的烟斗烧制。到光绪年间，陶工潘金怀发现了用五色土烧制的陶器紫红透亮，深受喜爱，遂开始紫陶烧制，逐渐形成了建水特有的紫陶生产工艺。建水紫陶生产之初，主要生产烟斗、茶具、花瓶、笔筒、印盒、烛台等物件。从潘金怀开始，开始生产一种用于炖鸡的造型独特的“杨林锅”。建水美食中有一绝是“汽锅鸡”，用的就是这种紫陶锅。20 世纪 30 年代，建水艺人向逢春制作的陶汽锅独具匠心，外表饰有花、鸟、虫、鱼、草、木、山、水等图画，并且有诗词题款，精美绝伦。可以说从清末民初到新中国成立之后，建水艺人完成了建水制陶由粗陶到紫陶的转化过程，也将宋元明时期青花素绘的风格转化到文人字画、雕刻填泥、无釉磨光的精致工艺。

建水古镇上著名的四眼古井

陈绍康说，这紫陶之所以雅，其实就是“以陶为纸”，将文人字画移位于紫陶之上，是将古老的建水陶艺点化为一种经典。它既保留了笔墨的气韵功法，也兼顾了陶坯在不同弧面和湿润状态下呈现的不同柔糯特性，捉毫濡墨须由厚实的悬肘运笔功底。紫陶上的字画不以斑斓的视角冲击取胜，而以一种纯洁安详的淡雅与观者交流，传导出的是一种优美单纯的宁静。

陈绍康没能随父愿做上教书先生，16 岁时进建水陶器厂当了学徒，明正言顺地开始了他捏泥拉坯的制陶生涯。

碗窑村的窑大多数都是依山而建的龙窑，生产方式是家族式的，一个家族共烧一座窑。窑要统一烧，由家族中的长老统一调配。烧好的产品各家销各家，互不影响。陈绍康说小时候最喜欢烧窑的日子，装窑那几天各家的孩子都来了，各家把自家做的碗啊罐啊的装到窑里，忙得像过节般快活。那时碗窑村做的都是些碗、缸、罐之类的，属粗陶一类，放进窑里一烧，各种各样的生活用品就可挑到市场上去卖了。

光阴似箭，陈绍康从做粗陶到做细陶，在制陶的路上越走越好，先后跟中国做壶大师顾景洲和其他若干制陶大师学过艺，从师多而杂，取百家之长填充自己，制陶的技艺越来越精湛，把建水紫陶工艺发挥到了极致。1995 年 9 月，陈绍康老先生被联合国教科文组织和中国民间文艺家协会授予“民间工艺美术家”称号。　陈绍康老先生为人谦和，谁来了他都会带他们去看看他的制陶作坊，参观他的紫陶收藏。我这次能成为陈老先生一天的徒弟，每一道工序都蒙他亲自传授，实在是三生有幸。

建水紫陶精品

做建水紫陶共有九道工序

◆第一步是搅浆滤泥。在一个大大的桶中放上做陶的泥土，用水浸泡，充分搅动使泥沙分离。然后用盆轻轻地把泥浆舀到另一个桶中过滤出泥料。这一步是个苦累脏的活，陈老让我换了装，然后自己也装扮得像个挖窑的矿工，足足跟我一起干了一个多小时。

◆第二步是揉泥。要把泥中的空气在不断的搓揉中排出，使泥料软硬均匀。这一步更是个力气活，我简直能把吃奶的力气都使出来了，但最终还是放弃，陈老跟我都干不了这活，只能让窑工代劳了。

◆第三步是拉坯。拉坯在整个制陶环节中占有最高级别的地位，要心正、眼准、手稳，在均匀转动的转盘上借用离心力的作用，用手把泥拉成厚薄均匀自己想要的形状。这一步最考拉坯艺人的功底，典雅与媚俗、雄浑与小气就在拉坯的一瞬间。这道工序最出效果，我拿出足够的耐心来不温不火地慢慢练习了一个多小时，一开始不是拉得厚薄不均就是拉得头重脚轻，最后总算拉出一个小的像罐非罐的东西。陈老让我用手把一边捏扁一些，向外翘，说蛮有创意的，烧好后可做烟灰缸，我虽然明知这是安慰之语，却仍然喜不自胜。

◆第四步是绘画。这道工序玩的是书法绘画的功底，属文人雅士的活计，不是一两天能练成的。我只能在我做的烟灰缸底部画上云南的沧源壁画——古人狩猎图，这种画无需多深的绘画功底，神似就行。

◆第五步是刻字。在成型的泥陶坯上把绘出的字画刻出来，要注意刻刀的深浅力度和节奏的流畅，一气呵成，不能把泥坯刻通。最难做的是残贴的刻制，搞不好此紫陶的身价就会一落千丈。可见这也不是十天半月就能练成的，好在我做的烟灰缸只要神似就行。

◆第六步是填泥。这道工艺只要把浅色的泥料均匀地用刮刀填进刻出来的地方就行。

◆第七步是修坯。在均匀转动的转盘上用一个圆形的铁皮圈均匀的括出陶坯上的填泥的形状，然后对陶坯进行最后的修饰。这也是道精细的活计，关系到陶器成品品质的好坏和身价。

◆第八步是窑变。窑变这个词是我这次当学徒时才知道的，说的是陶器在烧窑的过程中发生的不可预见的变化。陈老先生说是氧化还原的化学反应，先氧化，后还原。陶器在窑中的还原气氛（指温度、窑中氧份的含量等因素）不同，局部就会幻化出一些不可预知的梦幻色彩。这一道工序是建水紫陶成为中国四大名陶的秘密武器，是火中取宝的一个过程，我这个外人当然会被拒之窑外，只能盼着下次去建水时能看到我做的烟灰缸能窑变出奇异的效果来。

◆第九步是磨光。又是个力气活，用砂轮把烧好的、经过窑变的陶

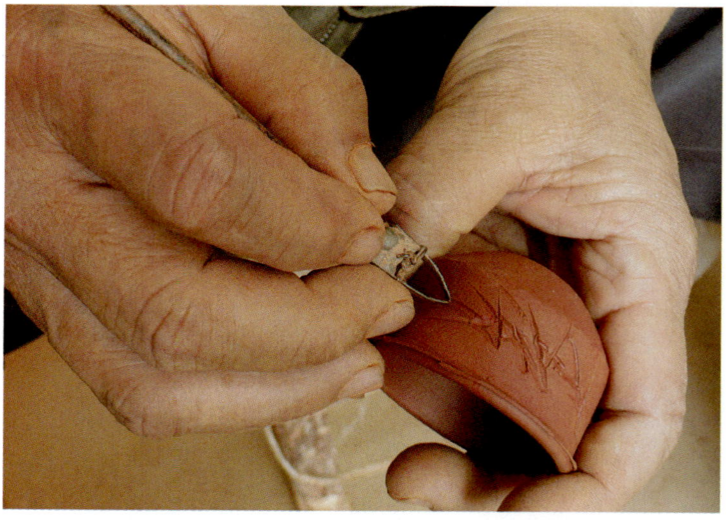

建水紫陶——修坯

建水紫陶——拉坯

器进行多道工序的磨光处理，最后才能使无釉的紫陶亮如铜镜。

告别陈老时，突然想起上午在参观陈老作品时看中的一把小壶，做工精巧，绘有残贴字画，甚是喜欢，想买回珍藏，便拉了陈老重返他的珍藏展示大厅，可发现博古柜上摆放小壶的那格空了。细问才知，此壶在我做烟灰缸那段时间有客来访，非常喜欢，便400块钱买去了。一时间，真是非常失望。可巧的是，居然看到了一幕收藏紫陶的现场真人秀。

两位客人一起来访，一位来退货，一位慕名而来买货。退货的半年前在陈老这里花300元钱买了个紫陶笔洗，回家后觉得不值，现找上门来想换个紫陶笔筒。陈老不卖笔筒，用300元钱收回笔洗。买货的本不想买笔洗，随手看了看退回的笔洗，却非要购买。前后几分钟，陈老用300元收回的笔洗转手卖了2000元，翻了约7倍，退笔洗的人当场傻了眼。原来，买货的人是个紫陶藏家，对陈老的作品情有独钟。此件笔洗出自陈老父子共同之手，陈老做的泥坯，雕刻的花纹，儿子绘的残贴，底部落有两人的印章，集父子两代的制作精华于一体。目前陈老的儿子因病不能再做陶，两人合作的紫陶作品已经成了收藏的孤品。我告别陈老时买货的和退货的都还在，一个欢喜一个愁。

我在团山村的那些天

古城问风水，曾经的云南首富幽居于此不是偶然

我喜欢在空闲的时候到一些名气不是很大的老城去住上一些日子，古城建水就是一个我喜欢的小城。

从前几次到建水的时候，我都会在环境清幽的朱家花园里住上一晚。朱家花园是座古宅，由一组规模宏大的让人震撼的清代民居建筑组成，整组建筑陡脊飞檐、雕梁画栋、精美高雅。庭院厅堂布置合理，空间景观层次丰富且变化无穷，形成了一座“迷宫式”的建筑群。目前，已成为集住宿、观赏、旅游、娱乐为一体的、有一定规模和档次的，有品味、有丰富文化内涵的旅游景区，见之让人想起颐和园，想起《红楼梦》里的大观园。说让人震撼是有原因的，一是西南边陲能出现这样大规模的建筑本身就让人惊叹；再是其为私家豪宅更令人唏嘘；三是其建筑中的人文、地理和工艺水平之高更是让人难以想象。可惜，现在由于各种修缮问题，朱家花园只可以参观不能住宿了。

古城建水并不算很有名气，建水人的生活节奏不快，还是以一种平稳的脚步和平常的心态过着平常的日子。在朝阳楼的四周，玩牌的、下棋的人们玩的是千年不变的技艺，卖西门井开水的老婆婆坐在太阳伞下闭着眼睛打盹，时光在悠闲轻松的节拍下不紧不慢地流失。

我在建水古城中喜欢看井，建水的水井很出名，不但数目众多，如大板井、小板井、珍珠井、月牙井、玉洁井等等，不胜枚举，在建水找到几十口老井绝对没有问题。而且这些古井的形状独特，方的、圆的、不方不圆的，单眼的、双眼的、三眼的、四眼的，造型独特，五花八门。多眼井的井口有连环的，也有独立的，全用巨大的青石做井栏，打水时互不牵绊，既实用又美观。经过了千年的沧桑岁月，青石井栏上的绳索印痕已深数寸，有些井栏已被磨穿，折射出这座古城厚重的历史。

建水古城西门豆腐的名气最大，所以西正街上每隔两三幢房子就有一家豆腐作坊。做豆腐的人通常起得很早，要赶在人家来买之前做好。大板井周围低矮古老的平房内热气腾腾，光线本来就比较昏暗，加上沸涨的豆浆蒸汽弥漫整个作坊，人们很难看清对方的脸，但各种事情看起来都有条不紊，井然有序。阳光从破旧的房顶照射进来，形成几束倾斜朦胧的光柱，随时又被飞霞流云般的雾气所遮掩。豆腐坊里很静，人们来回不停地走动，熟练地干着各自手上的活计，偶尔有人讲上两句街头笑话，豆腐坊内顿时笑声一片，和流动着的热气一起飞向屋外。

走在西正街上，就像穿越在一段悠长的历史和现实中，做烧豆腐的小姑娘哼着眼下流行的歌曲，重复着几百年不变的动作，他们的生活离现实很近也很遥远。挑水和送豆腐的人们一天又一天地沐浴着朝阳，在微微上坡的石板路上留下了长长的背影，这背影和脚下的石板路一样古老，和建水的历史一样久远。

建水每年都要祭孔，活动组织得特别认真，规模也搞得很大，建水人会倾城而出，把整个文庙挤得水泄不通。人们一批又一批地触摸已经凹了下去的孔子浮图像，跪在这位圣人的面前，默默地祈祷，表达内心的希冀和愿望。那栩栩如生的孔子雕像，让我们觉得这位先哲远在天涯却又近在咫尺，经历了两千多年的历史演变之后，时空依然把我们组织在一个图景之中。这一切都远离都市的喧嚣，向人们讲述着眼下正在发生的却是千年以前的久远故事。

建水有个团山村，是当地著名的历史文化名村。每次到建水小住，我都要去团山村看看，否则就会觉得缺点什么。团山村位于建水城西 13 公里，至石屏方向的国道 323 线公路和蒙宝铁路从村前经过。“团山”是彝语“图色儿”一词的音译，当地人有的解释为“埋金藏银之地”，有的说该词的意思是“风景美丽的地方”。 团山村里有很多老房子，这种房子已经历 400 多年。清代前期，云南的采矿业进入昌盛阶段，团山村人大多前往个旧“背荒”即挖锡矿。按照当地人的说法，能否挖到富矿主要是看运气。那时个旧人们挂在嘴边的一句俗语是：“早晨还在焖饭吃，晚上就可买马骑”，说的就是运气。穷人和富人的距离往往只有一步之遥。团山村有许多故事，都非常精彩，建议有兴趣的人们自己去听听那些老人们讲的久远的故事。

建水寻访紫陶指南：

交通：昆明东部客运站每天有若干班次的客车发往建水，票价 25 元。建水有许多制作紫陶的作坊，绝大多数分布在碗窑村沿线。碗窑村距建水县北门约 2 公里，有微型面包车前往，票价 2 元。

住宿：建水古镇虽然不似丽江、大理那样热闹，也有不少仿古客栈，而且价格比丽江低一些。

美食：除了用建水紫陶锅装的“汽锅鸡”，最出名的就是米线了。虽然过桥米线享有盛誉，但是云南人都知道最好吃的米线是在建水。这米线中加的鸡腿之嫩，生肉下锅，以一碗热汤浇上去即可全熟，而且基本上每家的米线都很正宗，没有真假之虞。

学艺：陈绍康先生是个豁达热情好客的老人，很乐意与喜爱陶器的朋友分享制陶的乐趣。陈绍康紫陶工作室地址：建水县碗窑村 365 号，电话：0873-6718959

一字一划刻出的贝叶经

制作刻贝叶经的贝叶

西双版纳

叶子上刻出的经文，寻找傣家文化的根

在东南亚和中国的西双版纳有一种书文，是刻写在叶子上的，这我早就知道。第一次见到这种书是4年前在西双版纳一个朋友家里，那发黄的、烫了金边的贝叶经静静地躺在书橱里。翻开一看，有许多蚯蚓样的文字，据说是古傣文。这次再到西双版纳，恰好在橄榄坝傣族园的春满佛寺前见到一位老人正在叶子上认真刻写，就萌生了学习的念头。

刻写经文的老人叫康朗吨，是傣族园曼春满村人，78岁了。康朗吨刻写一本十来页的贝叶经大概要五六天，有人喜欢了可以买去，一本贝叶经的卖价只要15至20元钱，很难想象这么费功夫的文化珍品竟然如此廉价。

康朗吨12岁时出家做了和尚，20岁在曼春满佛寺升为佛爷，文革时，年近40的他被迫还俗，后娶妻生有2个儿子，都在曼春满村务农。康朗吨因为出家时间长，熟读经书，练就了一手刻写贝叶经的技艺，被学者们称为贝叶老人。

傣文贝叶经大体可以分成两大内容：一是宗教典籍，包括大量的佛教经典和后来记录的原始宗教资料；另一部分为世俗文书，内容包罗万象。可以说，它是傣族传统文化智慧的结晶。

通过老人家人的翻译，我基本上搞清楚了贝叶经的来龙去脉。傣族的贝叶经大体上可分为贝叶刻本和绵纸手抄本两大类。其中贝叶刻本最多，也最有特色，傣语称为“坦兰”，即贝叶经。

解读贝叶经，不只是宗教经文更是世俗的万有文库

贝叶经是傣族文化中最为宝贵的文化遗产，在长期的历史发展中，它对傣族文化的继承和发展都起到了重大的作用。贝叶经是傣族文化中最核心、最有代表性的部分，可以说是傣族文化的根。傣文贝叶经大体可以分成两大内容：一是宗教典籍，包括大量的佛教经典和后来记录的原始宗教资料；另一部分为世俗文书，内容包罗万象。可以说，它是傣族传统文化智慧的结晶，万有文库。佛教经典不仅数量众多，而且它是国内仅有的一种南传大藏经文献，在我国佛教典籍中价值独特。宗教经籍中的原始宗教资料，包括神祇祭辞、占卜书、各类咒语等，都是原来在民间早已流传，到傣文形成以后再刻写下来的，对研究傣族原始文化有着重要价值。至于刻写的世俗文书，政治、历史、法律、道德等著作是关于傣族社会史和思想史的忠实记录，天文历法、农田水利、军事、医药等类著作反

刻经者大多是老人，年轻人则是打下手

处理叶子的过程不复杂但却费时

映了傣族科学和生产的发展过程。甚至还有洋洋大观的文学作品，包括诗歌、传说、童话、寓言、谚语、谜语、祝词、文论等，尤其是数百部长篇叙事诗，更以宏伟的规模和多样的题材，组成了一套傣族社会、历史、文化的百科全书，其文化价值难以估量。

有研究说东南亚一带的犯罪率极低，跟当地人信仰的佛教有关 。全靠这些代代相传的贝叶经，教会了人们要善良与忍让。后来我有幸亲临这些地区，清盛的当地朋友来接我们，半夜三更把我们的行李和贵重的摄影器材就随随便便搁在他车子后面的敞篷货箱里，带我们到隔着一条大街的餐馆去吃晚饭。我一直担心我们的那堆宝贝东西，时不时拿眼睛去看，感觉好像没有人感兴趣，就问起了当地的社会治安状况，结果证实了传说。清盛的监狱自建成之日起就从来没有关押过犯人，当地人很为他们的监狱自豪，把监狱当成了摆设，对游客开放参观。

西双版纳基本上就是我们家越冬的一个地方，我们像候鸟一样，每年昆明进入寒冬季节，我们就会想着该去版纳了。版纳有许多能让游客放心住上一段时间的地方，住傣家木楼一个人每天的食宿才 30~50 元。贝叶老人所居住的傣族园就是一个这样的地方，跟在家里的花销差不多，所以到了冬天，版纳就会飞来许多怕冷的“候鸟”。

贝叶老人康朗吨见我诚心想学刻经，就收了我这个临时徒弟。康朗吨老人话语不多，且我们之间语言基本不通，大多数情况下我们都是用形体交流，老人怎么做我就跟着做。从头至尾制作一套贝叶经约需 10 天时间，好在各道工序都可交叉进行，动作最大的就是爬到贝叶棕树上去砍贝叶。砍贝叶的事老人做不了了，平时都是由他的儿子或是邻居的孩子代劳。

老人自收了我这个临时徒弟起，就非要坚持一切要从头做起，除了砍贝叶。贝叶经的制作傣家人自有的一套方法，在冬天时将已经长老的贝叶砍下，割修整齐，把三五片叶捆为一圈放到锅里用淘米水煮，要煮到 20 个小时以上。取出来以后再用沙子擦洗干净，然后晒干，放在特制的木架里压平捆好，用快刀将贝叶四边修理成长约 50 厘米，宽约 12 厘米的一叠，然后就可以在贝叶上刻写了。

刻写贝叶经是用铁笔刻写，那铁笔的制作很简单，用一根手握着舒服的木棍，在顶部安放上一个用铁钉磨尖的针头就可以。为了让刻写的文字整齐好看，康朗吨老人要先在贝叶上用线弓弹出一条条淡淡的墨线，然后再用铁笔照着弹着的墨线刻写上傣族古老的文字。刻写好以后，再用植物油掺锅底黑灰拌成的墨汁涂抹，然后擦抹干净，贝叶上被刻过的部分字迹就会显示出来，清晰不褪色，装订成册就成了精致美观、不易损坏的贝叶经了。

其实制作贝叶经并不难，大多数工序我都可以插得上手帮着做，压平、切边、弹墨，可到了刻写古傣文这道时我犯了傻，这些蚯蚓样的文字我照着描写都不像，更不要说上下左右疏密地搭配了。好歹总算刻了一张，背着贝叶老人拿给春满佛寺的小和尚去念，他们像看天书样看我。

傣族园里有一个曼听寺，会不定期的举办一些短期禅修班。禅修营在曼听佛塔寺旁的一片密林深处，搭建有讲经的大堂，禅修的僧房是独屋独幢的小木屋，开营期间全体营员除学习巴利语和集体诵经外，整天都应静默不能讲话。要求营员每天清晨 4：00 起床、禅坐；6：00 早课念诵；7：00 早餐托钵；早餐后服务（卫生清洁）；9：00 上课，学习巴利语；10：30 自学、休息；11：30 午餐托钵；12：30—13：45 休息；14：00—15：30 禅坐；15：30—16：20 自修、休息；16：30—18：00 禅坐；

西双版纳寻访贝叶经和慢轮制陶指南：

美食：勐罕（橄榄坝）傣族园门票：30 元。在傣族家食宿，一天约 30 元，条件不错。傣家饭很有特色，像菠萝饭、香竹饭、油炸青苔、炸牛皮、香茅草烤鱼、米酒，只要喜欢这个口味，定能大吃一番。

勐景来寨 65 号的傣族菜肴美不可言，而且价格非常便宜。

即使不上烹饪课，在安纳塔拉度假酒店依然可以品尝到色、香、味俱备的傣菜。竹香双人套餐有傣族厨师坚守的本地口味，也有法籍行政总厨擅长的法式精致。他们把常见的烤茄子烂变成慕丝状，单是卖相已是满分；牛肉干巴汤将傣族常吃的牛肉干（牛干巴）撕成丝，跟当地的小南瓜、芋头梗等蔬菜一起熬煮，味道鲜甜又富营养；竹筒有鸡、虾和罗非鱼三款同时奉上，配上菠萝饭，是极有热带风情的菜式。常有人说在国际级酒店吃到的菜肴都“变味”，不够地道，可安纳塔拉不同，味道很正宗。

购物：民族织锦、珠宝玉石、木质工艺品、茶叶、咖啡、药材、香料

学艺：勐景来寨 26 号慢轮制陶作坊

18：30—19：25 禅修报告、经行（任选）；19：30 晚课；20：00 尊者或长老随缘开示；一天的修学时间告一段落，晚上的时间自行安排，绕白塔、看书、洗衣。

密林中偌大的一座禅修营安静得掉根针都能听见，参加短期禅修的他们（她们）都各自居住在禅修营里的上院和下院某处安排的住所里，每天按着作习时间表作习，短期禅修七天的课程排得满满的。这一期开课的第一堂课我混进去听了，说实在的，在短短的 5 分钟之内我就被知识渊博的禅修导师玛欣德智者征服了，2 个小时中我静静地盘坐在大堂后排的一隅，在众禅修者中显得十分不搭，突然之间我觉得我也应该来这里短期禅修一段，那怕是去旁听也会受益匪浅，让尘世凡心也安静下来。

成人先为僧，从入寺到还俗就是傣家男人的一生写照

说到勐景来，那是我退休以后最最向往能在那里住上几年的一个村寨。勐景来确实很美，安安静静掩藏在一片森林之中，每天到勐景来的游客不多，基本上都是些进村兜一圈就走的那种。勐景来是一个边境小寨，在寨中的每一个家庭或多或少都会有着一段新奇的故事。

康朗温是缅甸人，真名叫岩温，20 岁时升和尚当上了大佛爷就改称康朗温了，康朗在傣语中是有学识的意思。康朗温 21 岁被迫还俗当了兵，上战场前纹了身，全身上下通篇都是刀枪不入的咒语，也神了，打仗时从来都没有子弹挨过他的身。1985 年以后仗越打越大，越打越远，打的都是自家人，

勐景来泼水节的化缘巡游

勐景来 41 号岩温海的家

出生入死的为哪般。康朗温烦了，发了佛爷脾气，脱下军装撂下长枪来了中国，和过去过赕时认识的勐景来姑娘玉儿结了婚。在中国种田、种香焦、种橡胶。随着西双版纳旅游业的发展，勐景来也自自然然顺理成章的成为了一个民族生态文化旅游村，还俗的佛爷康朗温家也跟随着步入了经济社会。刚开始时旅游公司每家每月发放 150 元，发一些热带水果让他们摆放着，有游客来参观傣族民居，就让他们免费品尝。后来改成每家每月发 100 元补贴，各家自备热带水果让参观的游客品尝，给多给少随心功德，吃了就走也不强要。这样一来反倒好了，大多数游客吃好喝足了少了 10 元、20 元钱还真是拿不出手。一家人的基本生活费这么一弄就基本解决了，种田、养猪、割胶（橡胶）的收入就成了他们追赶现代化生活的资本。转眼康朗温在勐景来也成长成一个老波陶了，这次勐景来过泼水节，老百姓的巡游队伍中，打头的就是他，这个位置只有寨里的长老级的人物才能担任。

勐景来寨里还有一个跨界的长老级人物也是从缅甸来上门的。说跨界是指该人的年龄还达不到长老们的级别，但长老们的议会经常都会邀请他去参加，听听他的想法，此人叫岩温海，勐景来 41 号的上门女婿。

岩温海的父亲家是版纳勐海的，他父亲年轻时不想参加群众斗群众的运动，就去了缅甸。这期间认识了个缅甸曼回村的姑娘，就结婚上了门。进门不久就被应征入伍当了兵。他父亲能说能写精明能干，很快就当上了个小官，为部队当翻译。后来开始打仗了，同样他父亲也发了脾气开小差跑回了中国的老家勐海。1983 年岩温海的母亲带着岩温海来中国找他的父亲，一家人在勐海安下了家，

康朗温跟勐景来的其他男人一样，背上都刺满了神秘的纹身

那年岩温海10岁。在中国，岩温海按傣族人的习俗出家当了小和尚，学习傣家文化、诵读傣族经文。一晃10年过去了，岩温海已是康朗海了，在勐混的缅寺里当上了大佛爷。

岩温海20多岁时还俗回缅甸去打理他家的田地，种西瓜。他种的西瓜又大又沙又甜，在中国这边很好卖。本来是有很好的发展前景的，但在缅甸的男人都要轮着去当兵，眼看着就要轮到他了，他不想当兵。接下来的事大家都知道，他娶了个仅一江之隔中国勐景来的姑娘，做了个上门女婿。勐景来这样的上门女婿有很多。

岩温海当上门女婿时刚好遇上勐景来发展的最佳时机，勐景来在一家旅游公司的帮扶下开始步入了发展旅游村寨的道路。岩温海家是勐景来第一批搞家庭旅游接待的，他家带头翻盖了自家的木楼，做了几间独立的客房，改造了卫生间、厨房，设立了休闲喝茶的空间区域，让客人来了就有宾至如归的感觉。岩温海是个见人开口笑的人，一脸的和气，谁都愿意和他交往，来他们家客栈入住的客人基本都是客人又推荐来的客人。最让我们难忘的是某次我们在勐景来的夜晚，当我们在寨里的某户人家喝得欢天喜地后准备回41号客栈睡觉时，发现从我们喝酒的这户人家开始寨中的小路边插上了点燃的腊条，星星点点在村中延伸，虽然大家都已是醉眼迷蒙，但还是被眼前的浪漫场景所吸引，跟随着跳动的火苗前行去看个究竟，七拐八拐的我们来到一个楼下，定睛一看，勐景来41号，大家感动得一塌糊涂，酒都醒了。

康朗温在化缘巡游的队伍中

曼春满佛寺有关贝叶经的壁画

深入勐景来，穿越回慢轮的新石器时代

傣族的土陶制品种类很多，有锅、罐、甑、壶等，其中以土锅最有名。用土锅烧水、煮饭、炖鸡、煮菜等，不但味道香醇，而且有保鲜功能。陶器还用在宗教活动上，一些僧人化缘时，就用这种陶钵。

西双版纳过去因其地理位置偏远，交通封闭，完整保留了与新石器时代制陶方法非常接近的“慢轮制陶”的技艺，而且村村寨寨由女人代代相传流存至今。

在版纳慢轮制陶都是以一家一户为单位，制陶的作坊一般就近设于自己家的竹楼之下。因雨季不利于陶坯的干燥和烧制，制作时间一般安排在少雨多日照的农闲季节。在西双版纳的傣族寨子里，都能找到一两户人家仍然保留着选择传承人的习惯：只有在分家之后，婆婆才可以将制陶工艺传给儿媳。如果家务繁忙，孩子太小，可以暂时不学，但是当家庭稳定之后，则是必须要学的。从另一个角度来看，这也保证了此工艺的代代相传。而且，这项工艺的学习，是通过口传、身教，靠自己边看边学，积累经验，在长期的实践的过程中练就出来的。

发展了旅游经济的勐景来现在不仅是一个可以领略农家生活，看看书发发呆的小村寨，村中的艺

勐景来制陶多数都是以家庭为单位成立小作坊，所以男人女人齐上阵

人还可以手把手教来访者学些手艺——竹编、织锦、烤酒、做傣族手工纸、刻贝叶经，当然还有最重要的一项就是慢轮制陶。我从小就喜欢玩泥巴，做种各样的手枪，技艺基本达到可以以假乱真的地步，但好景都不长，泥一干就开裂崩缝的断掉，不懂烧制。所以我现在每次到勐景来经过玉香嫩母女俩的慢轮制陶的作坊都会情不自禁地停下来，看看她们的工作，拾回些童年的记忆。

玉香嫩和她女儿玉应坎开的慢轮制陶作坊内有几个转轮，可以让游客跟着她们一起制作，体验慢轮制陶的乐趣。

古老传统的慢轮制陶的主要工具有：脚碓、筛子或木板；木棰：用于选取优质泥土，将泥土敲得更为细腻；陶轮：塑坯成形的主要装置；木刮刀：做器壁时，待泥条盘好后，将泥条的痕迹抹平；木拍：木质，有手柄，表面有纹饰，如横条纹（拍打后呈编织篮状纹饰），方格纹，席纹等，也有光面的，用于将陶坯拍打致密，同时拍打出纹饰；卵石：整形加工阶段，用木拍拍打器壁时，同时用卵石作为内衬；贝壳：整形加工阶段，用木拍拍打器壁时，同时用贝壳作为内衬；竹刀：用于修整口沿的毛边，削掉余泥，雕刻各种陶制工艺品，如神龙、神象、神狮等吉祥物以及麒麟、孔雀、凤凰和火焰状饰物等佛寺屋脊的装饰物；布片：整形后用湿布片沾水将陶坯通体抹一遍，使其光滑并堵塞孔隙，也用于修整口沿；模板：木质，板面上刻有孔雀、火焰状等形状的纹饰，将和好的陶泥放在两块模板之间，挤压，雕刻成形，可大大提高效率。

西双版纳的景色与泰国一些地方殊无二致

慢轮制陶的工艺流程

第一步选取优质泥土。制陶所用的陶土要求土质要细腻，粘度好，可塑性高。特定的制陶的陶土叫做“泥浆土”，呈白色的块状。将陶土放到脚碓里舂细，如果泥块太大或太硬就先用锤子锤细再放进脚碓。将舂细的土拿出来用筛子筛，再将没有漏下去的土重新倒进脚碓舂，如此反复。将筛选好的陶土一边加水一边和，成泥团，再把泥团放在木板上揉搓。揉搓的时候也可以加入一点原来剩下的发酵好的陶土，相当于引子，据说这样发酵起来更好更快。

如果是制作炊具，和泥时还要在筛选好的陶土里掺入部分河砂，加水揉练，这样可以改变成品的耐热急变性能，防止被火烧裂。

第二步塑坯成形。陶轮是塑坯成形这一阶段的主要装置。陶轮由两个部分组成，下部为一木制立轴，在地下挖出一个直径约 25 厘米，深 19 厘米的小坑，将立轴固定于地下，上部为一面径约 25 厘米，厚度约 15 厘米的倒截圆锥体陶轮，底部中间挖一方孔，插入一段竹管，套到立轴桩头上，使其能够自由旋转。制作时先捏出一小圆块放在转盘上，再用泥巴搓出长条，盘起成为器皿的“墙壁”，以一只手转动盘子，另一只手来拉坯、修正坯型。两手要协调得非常好，才可以拉出完美形状的泥坯，难度比现代的快轮技术高很多。

第三步修饰。做好的泥坯放于阴凉处阴至半干就可对其修饰了，可

西双版纳寻访贝叶经和慢轮制陶指南：

交通：开通了北京、上海、成都、重庆、昆明等国内主要城市以及泰国曼谷的航线，其中每天有 6 到 20 个来往昆明的航班，飞行时间 50 分钟。水运方面，景洪有港口与老挝、缅甸、泰国、越南、柬埔寨水路相连，已开通了景洪到老挝、泰国的国际水运航线。

陆路有 6 条主要公路与国内和周边国家相通。昆明到景洪的班车票价 152 元，景洪到勐罕（橄榄坝）的班车票价 6.5 元。

从景洪客运站到打洛的班车，每天每隔 20 分钟就有一班班车发往打洛，全程 132 公里，在 130 公里勐景来村口下车步行可达。票价 32 元。

傣族园在景洪的东边，距景洪有 20 多公里，乘车 40 分钟能到。

住宿：景洪的住宿选择非常多，从二星到五星应有尽有。到勐景来可以住勐海打洛勐景来寨 41 号、65 号两个民宿。

版纳植物园旁有一家五星级的度假酒店，西双版纳安纳塔拉度假酒店，这座装饰典雅的酒店依傍着蜿蜒曲折的罗梭江，融合了现代风格与本地引人入胜的美景。在版纳安纳塔拉度假酒店中有典雅的豪华单间和宽敞的泳池别墅，设计汲取了原住民艺术的灵感，配备私人跳水池、先进的娱乐设施和专属管家服务。您可以在户外餐厅饱览蜿蜒曲折的河景，同时尽享傣族和泰国北部风味佳肴。入住西双版纳安纳塔拉度假酒店，可以参加村寨游，去认识西双版纳的各民族，并参与其多彩的民俗传统活动。回到安纳塔拉，可以去上烹饪课，学习制作傣族美食。无穷的神奇与快乐体验等待着您去探索。

修正坯型的时候要不断地把多余的坯泥切去

用刻有花纹的木板在泥坯上拍打，同时用卵石作为内衬，在器壁上拍打出各式传统的古老花纹。善于就地取材的玉香嫩还会用吸管、刺绣花块拍出些不同花纹，使陶器具有一些当代的信息。

傣族所做的陶器依据用途不同可做成不同的器形，大致分为装东西的各种容器、做佛事或装饰用的动物、人物以及装饰品等。

第四步烧制。傣族人烧制陶器多采用露天窑场的方式，即：在平地上平铺上一层五米见方的树皮和木屑，然后将阴干的陶坯侧着层层码放在上面，从大到小，依次摆放。再将一层厚厚的柴火覆盖在陶坯的四周，最后在柴火外面糊上一层泥巴，在四角下方扒开点火口，点火后再封闭点火口，并在顶部戳几个出气孔。可以随时察看一下火势，视泥壳的干燥程度。对火力太旺的部位，封住出气口，火力不够的部位，再开出几个出气口，使其燃烧均匀。柴火烧尽之后，泥壳会自然坍塌，这时陶器也就出窑了。烧好的陶器呈橙红色，色泽均匀。

玉香嫩家的慢轮制陶作坊每月集中烧一次陶，如果你赶不上这一天，你自己做的作品她们会帮你烧好，展示在她们作坊的陈列架上，等你下一次来访时取回就是。

京沪陕 泡汤地图

策划执行 / **马明**

不管是水做的女人，还是风一样的男人，被路上的风尘磨砺了快一年，都会无比想念那池温汤，散发着氤氲雾气的天然泉水，让人用每个舒展的细胞去感知地心的温度。不用说，怎么还会有低谷和懈怠呢？作为行者，如果能有说走就走的决心，要“一车走天下”的话，那么又何妨追寻一下冰雪世界中的各种汤池，卸下所有忙碌季节的负累呢？选择京沪陕三大泉眼汇聚之地，为您精心绘制一幅隆冬泡汤地图。

北京 一探龙泉脉

人们往往对北京的历史文化非常感兴趣，来瞻仰那皇家紫禁城和园林，来领略一个古都的厚重与矜持。但是，京城也有它分外轻松闲适的一面，比如泡汤。作为华北地区最大的一个温泉带，北京从北到南都有泉脉，而且也有无数能去偷闲的温泉度假村。

1 凤山温泉度假村 北地南国

向往南国茂密森林美景，想要身处幽幽翠绿、潺潺玉泉间，那凤山温泉度假村正好符合要求。这座南国风味的温泉度假村位于昌平十三陵水库路东侧，蟒山国家森林公园脚下，距市区40余公里。凤山温泉俱乐部拥有12栋风格各异的别墅和一个会所，作为集住宿、餐饮、商务、休闲为一体的高级会所。

西区豪华别墅区占地面积约46666平方米，10000平方米人工草坪，8栋独立豪华避暑，外观、内饰极似欧洲皇家城堡。每栋别墅面积近400平方米，可同时入住6~8人。在这占地约0.33平方千米的花园式宾馆里，各种工作、生活和娱乐设施一应俱全。从设有“手拉手”会议音响系统的现代化会议厅到安适的小会议室；从300人就餐的大餐厅到一家人团聚的小雅间儿；从容纳几百人的大歌舞厅到几个朋友低吟浅唱的KTV包房；从300多个标准床位到温馨舒适的独立套房和设有专用泳池的超豪华别墅；台球厅、健身房、棋牌室、射箭馆、沙壶球、保龄球、网球……更有温泉康乐中心：小溪石径、飞瀑假山、芳草吐绿、古木参天，36种温泉浴池，24小时全天开放，使客人的享受

更加丰盛。在森林公园山脚下，还能欣赏到四季如画的美景，春天山花烂漫，秋天栌叶飘丹，山林奇景，美不胜收。加上富含矿物质的温泉水，使这里成为一个远离喧嚣的世外桃源。凤山温泉度假村最出名的还是温泉乐园，走进温泉乐园，满眼一片南国热带雨林，72个温泉池隐藏在100多种绿植花草之中，身在其中聆听马蹄轻踏小径的清幽，静观落叶随风而动的飘零，这样清幽、与世无争的生活着实令人向往。

◆自驾路线

从北京市区走京藏高速公路向北，从十三陵13B出口或者昌平13C出口向东，至东关环岛向北转向水库路，过铁道线第二路口右转向东，第一路口左转向北，路东即达。

◆客房非节假日价格

单层豪华别墅 RMB 8800

双层豪华别墅 RMB 15800

◆特色美食

川菜家常菜，24小时送餐服务。

◆康体娱乐

温泉康乐中心（独立门票RMB 98/人）、桑拿浴缸、棋艺室、厨房、电脑及高级镭射影音系统，还有保龄、沙狐、射箭、模拟设计等娱乐项目。

◆地址：北京市昌平区十三陵水库路

◆电话：（010）60711188

2 金隅八达岭温泉度假村亲子氧吧

远看八达岭温泉度假村，就像一个欧式小镇，误以为自己到了奥地利的阿特湖畔，红顶白墙的建筑、小桥流水、草坪树丛。这个温泉度假村占地2平方千米，发源于山东永济南部历山的妫水河横穿这里，向西流入黄河。3万平方米的草坪绿茵如毡，就像一张毛毯徐徐展开，与江水泉湿地公园相连，光是欣赏景色，就已经让人陶醉。

妫水河、江水泉湿地公园、野鸭湖、玉渡山，八达岭温泉度假村被远山近水环抱，空气中的负氧离子含量高达每立方米6800个。八达岭温泉度假村距北京市75公里，由八达岭高速直达只需40分钟。是一座集住宿、餐饮、娱乐、会议、旅游为一体的涉外三星级度假酒店。

八达岭温泉自流井井深2006米，日产水量2000吨，出水温度能够达到54℃，经北

京地热工程研究所鉴定水质为“优质含硼的硅质氟医疗热矿泉水”，富含偏硅酸、偏硼酸、硫化氢、锂等多种对人体有益的矿物质。即使住在房间里，也能 享用24小时的热水，热水均来自2000米的地下，体会随时随地的温泉浴。

除了24小时泡汤、私人泡汤这些特色之外，八达岭温泉度假村还是亲子泡汤的不二选择。它拥有一座占地4800平方米的温泉嬉水乐园，设有标准游泳池、冲浪池、滑道池、儿童嬉水池、温泉按摩池和川汤温泉泡澡，大人、小孩在温暖的滑道上嬉戏，室内经常充满了孩童的欢声笑语，这是冬季里的其乐融融。

八达岭温泉度假村室内、室外有温泉池38个，几乎涵盖了中药浴、花草浴、鱼疗浴、针刺浴等各种类型，满足泡汤人群的各种需求。

度假村的名字明确了它的方位，也就是长城脚下，所以，在这里泡汤，不仅可以享受湖边的烧烤晚会、水上舞台的表演，还能一览名胜古迹——八达岭长城。八达岭长城位于北京市延庆县军都山关沟古道北口，从温泉度假村过去驾车大概需要半个小时的时间。作为明长城的一个隘口，它被称为“天下九塞”之一，它东窄西宽，以居高临下、地势险峻为名，可供游览的区域长达3741米。爱国工程师詹天佑先生主持修建的中国第一条干线铁路——京张铁路从城门中通过，直达北京的咽喉。

距离温泉度假村10公里的地方，还有一条峡谷——龙庆峡，高耸的大坝连着两座十丈高山，两山之间四五十米宽的水面，碧波荡漾，水源自海坨山东麓，蜿蜒流淌着，京郊“小漓江”之名，可谓实至名归。

◆自驾路线

从北京市区出发，走京藏高速公路，昌平陈庄出口，出高速后直行到红绿灯左转，过桥马上右转，见红绿灯后直行过铁路桥右转，顺路直行20分钟，见延庆城区路标，过桥洞后见丁字路口左转，沿路开6分钟，见岔路口走左线（延庆城区方向），过红绿灯后到迎宾环岛后直行，过 6 个红绿灯后，前行 150 米有路标，马路左侧即到北京金隅八达岭温泉度假村。

◆门市报价

标准间 RMB 980

豪华套房 RMB 2888

丽景阁别墅（4 间房）RMB 9800\ 栋

怡景阁别墅（8 间房）RMB 19800\ 栋

◆特色美食

餐饮设有淮扬、川粤、当地土特产、温泉火锅、湖边烧烤等多种特色风味，水上舞台更为用餐增添了无限浪漫。

◆特色 SPA

八达岭温泉属于碳酸氢盐泉，房间内 24 小时温泉热水，均源自地下 2000 米，最高出水温度 54℃，含铁、硫、硅及各种微量元素。室内温泉嬉水乐园占地 4800 平方米，设有标准游泳池、冲浪池、滑道池、儿童嬉水池、温泉按摩池和川汤温泉泡澡，门票 RMB 60—70/ 人 / 场

◆ SPA 服务

中医按摩 45 分钟 RMB 180

泰式按摩 1 小时 RMB 268

韩式按摩 1 小时 RMB 288

头肩按摩 30 分钟 RMB 88

足底按摩 30 分钟 RMB 90

竹盐泡脚 30 分钟 RMB 68

◆地址：北京市延庆县妫水北街 1 号

◆电话：（010）69186869

3 玫瑰山谷戴斯酒店泡汤策马

玫瑰山谷戴斯酒店是北京唯一的一座集温泉泡汤和马术娱乐为一体的休闲度假地。酒店环湖而建，三面风景。南边倚着雄伟长城，北靠奇山秀水的龙庆峡，西与辽阔的康西草原和碧波荡漾的官厅水库相邻。

玫瑰山谷戴斯酒店是美国戴斯酒店集团全权管理的一个欧陆式五星级假日酒店，紧邻玫瑰山谷别墅区，面积45000平方米，客房141间，欧式别墅3栋。最特色的配套设施是北京玫瑰山谷马术俱乐部，有亚洲最大的室内马场和第一家马文化博物馆。

很多人选择去“汤泉宫”泡温泉，来戴斯酒店学习马术和马文化。“汤泉行宫”是明清帝后龙浴之处，行宫里有龙池、庙宇、荷花池、叠桥，皇家林苑的风貌。汤泉宫与汤山温泉一脉相承，水温在41℃~44℃之间，每小时流量20吨，水中含有钾、钠、钙、镁、硼酸、氟等20多种微量元素，尤其是含有放射性氡气，对高血压、皮肤病、关节炎、妇科病等20多种病症有显著疗效。这处温泉历经千百年长盛不衰，

吸引了全国各地的疗养人员。

泡完皇家温泉，再策马扬鞭。玫瑰山谷马术俱乐部是一家集马术运动、健身、休闲于一体的时尚俱乐部，拥有亚洲最大的室内马场，总占地10000平方米，室内场地占地5000平方米。这里曾举办了国内外各种大型马术比赛，2004年4月就举办了“劳斯莱斯”杯国际马术比赛。马术俱乐部拥有国内外良种马匹160多匹，其中英国纯血系列30匹，墨藏系列5匹，拓拔系列12匹，卫幕系列26匹。内设5个场地，其中障碍场4800平方米，可设12道障碍。

马术俱乐部之所以选择建在这里，还源于上世纪90年代在延庆康西草原上掀起的一股骑马热潮，俱乐部里的一座马文化博物馆记录了这股热潮的来龙去脉。中国马文化博物馆是由中国马术协会、中国马业协会、中国文物学会和延庆县人民政府联合主办的，占地面积约2700多平方米，馆内陈列了1300多件展品，分为文字区、雕塑区、名画区、蒙古区、英式美式区、摄影区。

博物馆详细介绍了中国养马简史、中国赞马诗词及马成语、汉武帝夺汗血马、中国古代兵车、历代画马名家名作等内容；蒙古区里还有动人的马头琴的故事；而在摄影区展示了世界顶级马术摄影大师的经典作品。另外爱马人士收藏的马塑像、马民俗工艺品以及马扑克、马酒具、邮票、火花等又为展览增添了无限情趣，并由此散发出浓浓的人马情。

◆自驾路线

从北京市区出发，走京藏高速公路，水关长城出口左手涵洞，掉头走回京的辅路，见路牌即达。

◆门市报价

文物宫客房 RMB 660

二人公寓 RMB 780

四人公寓 RMB 980

酒店豪华套 RMB 980

会所普通套 RMB 1280

会所豪华套 RMB 2280

网球馆普通套 RMB 1380

网球馆豪华套 RMB 3800

6人别墅 RMB 1800

10人别墅 RMB3200

◆特色美食

中餐厅提供特色潮粤菜和正宗农家菜肴，西餐厅和咖啡厅豪华欧式装修。

◆马术俱乐部

A级马 RMB 180/小时

B级马 RMB 120/小时

教练费 RMB 80/小时

◆马文化博物馆门票

RMB30\人

◆中国文物宫

古玉馆正在展出汉代以前的古玉器1000多件，古瓷器馆展出不同时期的官窑民窑。文物宫门票 RMB100/人

◆地址：北京市延庆县八达岭镇阳关路8号

◆电话：（010）81182300

4 天龙源温泉家园 身体面膜

这是一个可以同时容纳3000人的温泉乐园。天龙源温泉采自地底2000多米，井底温度44.8℃，出口温度43.5℃，水质是重碳酸钠钙镁型氟医疗热矿水。重碳酸泉又称为“小苏打泉”，可抗胃酸、治尿毒、糖尿病，因为水温适宜，不会增加心脏负担，又叫做“心脏之汤”。天龙源温泉的一大特色就是按摩，温泉所含的二氧化碳成分，会在皮肤表面呈现气泡，产生天然的轻微按摩作用，所以，这里又叫“气泡汤”。“气泡汤”对神经衰弱和手脚冰冷有一定的改善作用，对女性来说还可以软化角质，泡在这里面就仿佛全身都做了一个面膜，去角质、美白还补水滋润了。

天龙源温泉还有一处神奇的地方。它是北京首例可以洗浴、可以饮用的医疗热矿水，对心血管疾病、高血压、高血脂、各类关节炎、肠胃系统疾病有明显疗效。当然，饮用的话，一定要在医生的指导下。

泡汤、美容之外，天龙源还是一个大舞台和旅游地。每天晚上，这里准时上演“天龙之夜”。一首古老的京都儿歌唱响：“小小子儿，坐门墩儿，哭着喊着要媳妇儿……”一个黑人小伙子在重重困难中，九死不悔地去寻找他的爱。天上地下，水中冰上种种绚丽的场景，热情赞颂着女性的美，爱情的神圣，这就是晚会的第一台演出——《活色生香寻欢记》。它用俄罗斯冰上芭蕾的形式，融合了水中舞蹈、魔术、水幕电影、喷泉等艺术元素，在初冬里给人“爱”的力量。

泡汤结束，舞台落幕，准备上路了。一条纵深8500米的山谷就环绕在天龙温泉边，相距不到10公里，原始森林和人工湖，让人在初冬领略盛夏的风情。如果您是自驾车，走京藏高速，不到20分钟就能到达燕京八景之一的居庸关。这是万里长城的重要关口，北京西北部的屏障，李自成入关的第一道关口。

◆自驾路线

走京藏高速公路13C出口，昌平西关环岛（俗称李自成环岛）左转，再行八达岭防线辅路2公里即可达到。

◆门市报价

小包房（天/小时）
RMB 500/80元
大包房（天/小时）
RMB 600/90元

◆保健按摩

中医专家全身经络按摩60分钟RMB 380元
高级技师全身经络按摩60分钟RMB 158元
俞跗康足道45分钟RMB 98
陆琴修脚/次RMB 380
扬州搓澡/次RMB 48

◆地址：北京市昌平区邓庄村西
◆电话：（010）80100088

5 瑞海姆田园度假村 英式宫廷

瑞海姆田园度假村坐落在密云县奥林匹克公园和飞虹世纪广场旁，总建筑面积43000平方米，度假村是严格按照英国19世纪乡间别墅风格修建的五星级旅游度假村，但在星级的环境里，感受到的却是英国乡间的野趣。

度假村被白河环绕，湖水、小桥、亭阁、花灯和上百种乔灌花木共同构成了一个别致的英式园林景观。

瑞海姆田园度假村里的室

内温泉大有来头，古有紫禁城御厨房的水车拉玉泉山的矿泉水供皇家享用，今有瑞海姆的水车拉京城的碳酸型低氟热温泉建室内汤池。每一个到瑞海姆度假的人在英式田园风景里，享受的也是宫廷般的待遇。

尽管硫磺泉、硅酸盐泉等都有滋润肌肤的作用，但真正能称得上“美人汤”的还得首推碳酸盐温泉。碳酸型温泉也就是俗称的“美人汤”，它无色、无味、无臭、清澈透明，具有镇静和消炎的作用，使肌肤润滑。

瑞海姆田园度假村选择这种化学组成的温泉水，也有其深意。根据阳离子的主要成份，碳酸盐温泉可分为钠碳酸盐泉、钙碳酸盐泉等。钠有轻度收敛作用，有干燥皮肤、除去皮脂、增加水分排泄以及利尿作用。钙可增加尿酸溶解，有利于结石排出，同时有消炎作用。温泉中含有的镁，有加快周身血液循环，镇静神经，快速缓解肌肉、腰背、关节酸痛、神经痛、风湿症状的作用。所以，瑞海姆的温泉能够给皮肤以特殊的润滑感，软化溶解皮肤上皮，净化皮肤脂肪与分泌物；增加皮肤的排泄功能，促进皮肤表面水分蒸发，增强皮肤体温的热交换。

所以，瑞海姆引进温泉之后，它就不再仅仅是集会议、培训、商务、旅游度假、娱乐、俱乐部于一体的度假村，而是重现肌肤活力的宫廷美容院。

◆自驾路线

从三元桥走京顺路经枯柳树环岛往密云方向，到县城看指示牌即达。

◆门市报价

标准别墅两室一厅 RMB 680
标准别墅三室一厅 RMB 680
豪华小套 RMB 780
标准套房一室一厅 RMB 980
标准公寓一室两厅 RMB 1380
豪华别墅五室两厅 RMB 16800

◆特色美食

美食中心提供营养药膳，女人健身、儿童益智、男人壮阳等。

◆蝴蝶泉 SPA 水疗中心

门票 RMB 18

芳香 SPA 系列：150 分钟 580~880，包括天然矿物泥、牛奶、葡萄籽抗氧化、热带茶木、海藻、温汕矿盐等多种方式；

身体各部位护理：30 分钟 RMB 128~208

极品疗程 3 小时 RMB 1680/ 位

◆地址：北京市密云县西大桥路 2 号

◆电话：（010）89098888

6 九华山庄 国医圣手

与之前瑞海姆酒店欧式风不同，九华山庄充满了中式古典情调。山庄是古典园林庭院式风格，包含别墅套房、四合院、标准间，户户通温泉，足不出户就可以享受真正的小汤山温泉。九华山庄地下拥有国内首屈一指的地热淡温泉，是一家集商务会议，休闲娱乐和医疗保健为一体的温泉度假型涉外四星级酒店。

九华山庄位于北京市昌平区小汤山镇。小汤山是闻名遐迩的“中国温泉之乡”。从南北朝时期起便成为文人雅士流连忘返之地。元代，这里被开辟成皇家园林。康熙五年，在此建汤泉行宫。1997 年，在汤泉行宫原址上，建立了九华山庄。山庄紧邻北六环，位于北京中轴线与北六环交叉处。与京昌、京承高速公路相连，距奥运村 15 分钟的车程。从市区有 643、985、912 公交车到达大柳树环岛之后，东行 500

米即可到达九华山庄温泉度假村。其中公交984路能直达九华山庄。山庄距首都国际机场40分钟车程，是离市中心最近的度假村之一。

九华山庄总占地面积约1.33平方千米，拥有2300多间风格各异的客房以及丰富多彩的温泉、保健、娱乐、运动项目。露天温泉主题公园、室内温泉游乐宫、温泉游泳馆、各种SPA和保健养生项目、大型室内嘉年华、游艺室、32道保龄球馆、室内网球场、羽毛球场、各种球类室、健身房、棋牌室及夜总会、KTV包房等精彩节目令人目不暇接。

九华山庄温泉水也是大有来头，温泉取自地下1230米深的温泉井，经管道输送至九华各个温泉池，经循环始终让水温保持在40℃左右，通过锰沙过滤掉颜色发红的三氧化铁，加之小汤山不属于火山岩地带，硫磺含量极少，所以九华的温泉清澈透明。九华温泉富含锶、锂、偏硅酸等大量的矿物质和微量元素，其中水中的锶和偏硅酸的每升含量分别为0.935毫克和22.0毫克，达到了国家矿泉水的标准，此水为中性偏弱碱性水(pH=7.48)，水质类型为重碳酸钠钙型，是难得的纯泉水。其中山庄中特色温泉达10余种，其中六神汤、火龙浴、玛瑙浴最为出名。所谓六神汤，是设置的六个温泉池，根据夫曰六福，发扬中式温泉养身文化，在每个池中添加不同功效的中草药药材，提倡在温泉保健的基础上修合身心。六神汤的由来是根据夫曰六福者：一曰寿（八仙长寿汤），二曰福（固金汤），三曰康宁，四曰攸好德（绀珠正气天香汤），五曰佳和合（大顺汤），六曰子念慈命（三子养亲汤）命名而来的。闭目在神汤之中，呼吸着草药的气息，疲惫随氤氲之气而去，健康伴芬芳之汤而来；火龙浴是效仿古代埃及宫殿式建筑，富丽堂皇且具有浓郁的异域神秘色彩。其内部组合多种天然玉石，经九华山庄特有的温泉管道加热，始终保持标准的干蒸温度。利用玉石加热后释放出的各类微量元

素，在扩张毛细血管，促进血液循环的同时活化细胞，提高免疫力，并具有美容、润肤、保健、养颜、美体、瘦身的特殊功效；玛瑙蒸汽浴房全部采用纯天然玛瑙建造而成，经温泉蒸汽管加热后，能释放出大量的有益元素。玛瑙石类的宝石蕴藏着天然之元气，对调节人体神经，增强免疫力，改善睡眠，增强脑细胞活力和保持旺盛的精力有卓越的功效。

◆自驾路线

1、亚运村(立汤路)向北至小汤山大柳树环岛向东(右转)500米即到

2、 八达岭高速—北六环(顺义方向),或京承高速—北六环(昌平方向),至“小汤山/北苑”出口向北至大柳树环岛右转500米即到

3、机场高速—机场北线高速至“北七家”出口向西直行至定泗路口,转向小汤山方向至大柳树环岛向东500米即到

◆门市报价

四星级标准间 RMB 480

豪华单人套 RMB 900

风吕别墅套房 RMB 1500

10人四合院 RMB 8300

◆特色美食

除九华村川菜、上海餐厅上海菜、杭州食府淮扬菜、四季厅中西结合式自助餐，最有名的就是宫廷药膳：根据清宫御膳的记载并挖掘其他史料，整理出2000多个品种的药膳，配以宫廷御饮“五参汤”和宫廷御制药酒。

◆温泉 SPA

九华温泉属于碳酸氢盐泉，水质清纯，色泽金黄，含有大量矿物质和微量元素。山庄除了客房内的温泉洗浴，还在汤泉行宫修建了别具特色的室外温泉。水疗有土耳其浴、芬兰浴、高温冲浪按摩浴、臭氧浴和麦饭石桑拿。

◆体检中心和国医堂

建筑面积16000平方米，是目前全国规模最大的现代化专业体检中心，副教授以上级主检医师全程陪检；采用德国西门子和日本日立等多种大型检查和诊断设备；体检项目最多可达140项；人性化的体检报告，只要输入身份证号码，可随时在九华山庄的网页上查询。汤泉行宫里的月明园又称九华国医堂，特色项目有名医坐诊、中医专家按摩、掌纹诊病等。

◆贵宾体验卡

每年一次贵宾体检。包括全科体检——男士121项,女士——128项，非常规体检24项。另外可享受免费班车、沐浴、更衣、营养早餐、导医服务、7个工作日内出体检报告等等服务，以及九华山庄保健俱乐部内现有各项设施的优惠权利。

3年卡 RMB 7800

5年卡 RMB 12000

10年卡 RMB 20000

◆地址：北京市昌平区小汤山镇

◆电话：（010）61782288

7 富来宫温泉山庄 雪场相邻

同样是一间集休闲、娱乐、疗养、度假、会议于一体的综合性假日酒店，富来宫温泉山庄则充满了乡村风情，清晨走在林荫小道上，新鲜的空气令人心旷神怡。穿过长满小刺的杂草堆，展现在眼前的是这座幽静的山庄。富来宫温泉山庄地处北京龙脉温泉古镇小汤山，距离市区和机场仅30分钟车距。富来宫温泉山庄周边旅游景点甚多，有毛泽东主席亲笔题名的“十三陵水库”；北京 面积最大的森林公园——蟒山国家森林公园；举世闻名的明十三陵；北京第一家现代化大型综合性游乐园北京九龙游乐园；亚洲最大、世界屈指可数的航空珍品 荟萃地中国航空博物馆；万里长城上最负盛名的雄关之一居庸关；亚洲唯一的一座坦克博物馆；雪世界滑雪场；铁壁银山景区等。

富来宫温泉山庄自然环境清闲优雅，占地110000平方米，建筑面积36000平方米，共有365间（套）客房，由一栋综合楼，一栋会员公寓，18栋别墅组成，建有各种不同的户型，以满足人们多样化的个性需要。

除了客房内的温泉洗浴，山庄还修建了别具一格的室外温泉。冬天泡露天温泉已经成为一种时尚，尤其是室外泡温泉，银雪飘飘、热气蒸蒸，徜徉于水光潋滟之中，静坐于雾霭氤氲之间，心灵与这圣灵之水相融，能更好享受这份宁静与自由，其乐无穷。

休闲健身也是山庄一大特色，这里内设保龄球馆、沙壶球馆、乒乓球室、台球厅等为宾客提供一展身手的活动空间。还有弓弩射击俱乐部，为

宾客提供安全正规的器械，同时设立有奖积分活动，在感受射击、射箭的刺激与快乐的同时捧奖回家。

走进弓弩射击俱乐部，觉得这里倒更像是一个装修雅致的酒吧。只见柔和的灯光铺洒在有优美弧形线条的金属质地的弓弩上，它们错落有致的放在整个环境的中心和周围地带。客人可以坐在上面一边喝着各种新潮饮品，一边随意的欣赏开辟在四周的几个运动场地中的运动项目，比如国际十米弓弩射击项目、复合式射箭和其他几类比较新奇的融射艺与游戏为一体的娱乐运动。

复合式射箭项目，它的特别之处在于射箭用的弓。由于运用了力学原理和不同的配件，当你以一倍的力放出箭时，它会产生三倍甚至更大的力，因此速度更快。由于这是一种在野外进行狩猎活动的工具，所以，复合式弓箭射击也是一项在国外流行的户外运动。

弓弩俱乐部的工作人员是这几种运动项目的专家级人物，不熟此道的客人不仅可以来此尽情享受射艺之美，而且能够通过交流了解更多的相关知识和当今国内外射击运动的潮流。

◆自驾路线

从亚运村沿立汤路向北行驶约25公里，到大柳树环岛再向北一点儿，就可以到山庄了。

◆门市报价

公寓标间 RMB 680

别墅标间 RMB 680

公寓套房 RMB 1180

别墅套房 RMB 1180

A 型别墅 RMB 11000

B 型别墅 RMB 6800

◆特色美食

中餐厅、风味餐厅（福香阁）、大堂吧

◆温泉 SPA

富来温泉属单纯碱性温泉，富来宫水疗中心集桑拿、室外温泉、美容美发于一体。温泉游泳馆水质清澈透明，有温泉浴、桑拿浴、芬兰浴、土耳其浴，再加上专业按摩师的各式按摩。

◆地址：昌平区小汤山镇大柳树环岛

◆电话：（010）61785588

8 龙脉温泉度假村

平民享受

位于昌平区小汤山镇，距市区20公里，近邻长城、十三陵、蟒山森林公园、银山塔林自然风景区、滑雪场等景区，交通极为便利，是集住宿、餐饮、娱乐、会议、休闲度假为一体的高档度假村。龙脉温泉度假村总占地约0.18平方千米，景色宜人，空气清新，地下蕴藏着国内首屈一指的淡温泉，地热资源丰富。度假村有客房1500余套；大中小型会议室40多个；10个风格独特的餐厅提供由名厨主理的川、鲁、粤等多种美味佳肴，在西餐厅内，可享受到纯正的各国精美大餐，其中玫瑰烧烤苑最受年轻人喜欢，包含了露天烧烤、火锅自助，在享受温泉同时也可坐享烧烤套餐。晚间还有篝火晚会，可以让晚会的气氛到达高潮，尽情享受露天沐浴和烧烤的滋味。

比起前面的温泉酒店，龙脉温泉显得更为朝气时尚，采用进口康乐设备的康体健身馆内配有30道保龄球、6台沙壶球、15道射箭、4片室内网球、12片羽毛球、10台乒乓球、台球、电子游戏、棋牌室、有奖射击、茶艺室、KTV包房等设施，设有亚洲最大的室内温泉娱乐宫，充满了热带雨林风情，惊险刺激的特色温泉水上娱乐项目应接不暇：跳水、桑

拿、温泉泡池、人造海浪、特色漂流（分时段开放，不含租赁费）、高山滑道、高温浴、沙滩浴、石板浴、更有新建成的大型室内温泉理疗池，其中包括各种从欧洲引进过来的针刺浴、鹅颈浴、气浮浴，五位浴等等。室外还有竹林露天温泉及浮福水上餐厅，有隐藏于翠绿竹林之中的温泉汤池20余个；会所北侧的阳光马术会，有400米专业跑道，标准马术培训，专业骑师陪练，障碍赛马惊险刺激，并免费提供入会。“花月宫”是度假村最大 的餐厅及会议厅，能同时容纳1000人用餐，2000人会议，还可以在“花月宫”欣赏到龙脉艺术团表演的精彩歌舞及杂技，妙趣横生。

◆自驾路线

第一条：从京藏高速公路12出口(小汤山出口)出来，在第一个十字路口右转，然后一直顺路向东(百善、小汤山方向)，到小汤山镇即是。

第二条：从北六环马坊桥出口右转，见主路左转直行，至大柳树环岛左转，镇政府后即是。

◆门市报价

温馨公寓

一居 RMB 480

二居 RMB 680

豪华别墅

甲级 RMB 8800

乙级 RMB 7800

丙级 RMB 6800

总统套房 RMB 8888

◆特色美食

位于会所东侧的华乐宫餐厅，可容纳1000人同时用餐，提供川、鲁、粤等不同风味的美味佳肴；位于度假会所龙泉阁内的孙武居餐厅，由名厨主理的特色风味大餐，设有雅间4个，可同时容纳180人就餐。

◆温泉SPA

龙脉温泉属单纯碱性泉，有2万平方米的室内温泉娱乐宫。有热带雨林风情及多项惊险刺激的水上娱乐项目。新建成的室外茗汤温泉会，有隐于竹林中的各色温泉汤池20余个。

◆地址：北京市昌平区小汤山镇

◆电话：（010）61782666

ROVER

9 拉菲特城堡酒店至尊SPA

坐落在昌平区北七家镇，毗邻风景秀丽的温榆河，占地约2平方千米，建筑面积55000平方米。西距奥运村约10公里，东距首都机场约13公里，南距国贸约28公里，西北距八达岭长城约30公里，西南距颐和园和圆明园约20公里，京承高速路、立汤路纵贯南北，第二机场路、定泗路横穿东西，园区出口距高速路入口仅200米。由拉斐特城堡驱车至北四环仅需15分钟，至市中心仅25分钟。它是一座集法国酒文化、法式建筑、雕塑、绘画、园林艺术为一体的高级俱乐部会所。

眼前楼房装饰和雕刻都渲染着强烈的色彩，繁复又华丽，拉斐特城堡酒店建筑风格独特，装饰、装修、绘画、园林艺术等都洋溢着法国巴洛克情调，这结构复杂的宫殿拥有505间客房，由主城堡、东西配楼、圣彼得广场、模纹花坛、温泉酒店、温泉中心组成。更令人惊喜的是城堡庄园内还有足球场、网球场、高尔夫球场及卡丁车等体育娱乐设施，陶冶情操同时还能健身锻炼，是休闲度假的首选。

拉斐特城堡酒店是一座欧洲城堡主题酒店，她集合了欧洲历代城堡的建筑特色，身在其中仿佛穿越到了欧洲中世纪，感受富丽堂皇下的文艺气息。主城堡借鉴法国麦松拉斐特城堡原型，东西配楼再现了法国枫丹白露行宫的风貌，建筑与外形气势磅礴，内部装饰金碧辉煌。巴洛克风格的连排拱门气派而庄严。美丽的模纹花坛，花坛中白石子铺成的小路，小路两旁栩栩如生的古希腊诸神雕像吸引人们一步一步走进这座经典的法国城堡。

除了法式辉煌优雅的人工建筑，酒店还有原生态自然景观，在看腻了浓墨重彩的建筑后，大自然绿色情调让人眼前一亮。拉斐特酒店坐落在约2平方千米的主题公园内，园区90%以上由树林、绿地和水面所覆盖。3.5公里护城河和35万平方米的野鸭湖是迄今北京规模最大，景色最优美的原生态湿地景观。湖中常年栖息千只野鸭、白鹭和天鹅。那些“人来鸟不惊”的美景可在此寻觅。

拉斐特城堡酒店自开业以后成功接待了多位政届要员及名家名人：2008年奥运期间接待了俄罗斯奥运军团及总统普京；2010年9月备受各界瞩目的盖茨和巴菲特慈善晚宴也是在这里举办的；还有由冯小刚执导的电影《私人订制》也是在这家酒店里取景，风景之赏心悦目自不必言说。

◆自驾路线

从亚运村出发，沿立场路向北，过立水桥5公里左右到定泗路（望都家园路口）右转向东，直行见路牌即达。

◆客房服务

酒店共有各类豪华客房72套，其中豪华标准间30套；行政间6套；豪华行政间14套；豪华套房12套；豪华跃层套房8套，顶级套房2套。内部装饰秉承路易十四时代典型的法国宫廷建筑风格，宫廷贵族式的全天候贴身侍从服务。

◆门市报价

豪华标间	RMB 1280
高级标间	RMB 1180
花园标间	RMB 1380
豪华套房	RMB 2880
温泉标间	RMB 1580
跃层套房	RMB 3980

高级套房	RMB 2380
温泉套房	RMB 3580
桑拿标间	RMB 1680
豪华温泉套房	RMB 4880

◆特色美食

中餐厅以经营高档潮粤菜为主体，烹制顶级的燕、鲍、翅菜肴；二层的城堡餐厅，由两个大厅和三层多个豪华雅间构成，烹制正宗的法式菜肴；庄园咖啡厅每日16小时服务，为客人提供不同风格的西式佳肴，同时对在拉斐特城堡公园游玩的非住宿游客提供餐饮服务。此外，酒店还有湖畔烧烤，特色农家美食等。

◆古堡酒窖

不仅收藏了法国极品佳酿，还有整个欧洲乃至世界各国的葡萄酒珍品以供客人参观选购，配有乡村气息的品酒屋以及波尔多“葡萄酒”桑拿浴

来自法国波尔多地区的一种传统的疗养方法，西方贵族一直对它青睐有加。

◆地址：北京市昌平区北七家镇八仙村

◆电话：（010）89758866

10 龙熙温泉度假酒店“阳光海岸”

阳光、沙滩、热带植物，这在初冬季节泡温泉看来是不可能出现的场景，但是在龙熙温泉度假酒店里，它们成为了现实。

8700平方米的阳光海岸温泉水世界，室内外共有35个泡浴池，包括了药浴泡池16个、美白护肤泡池10个、冰水池2个、古井温泉池2个、普通温泉池4个，儿童戏水池1个。整个阳光海岸水世界笼罩于巨大的玻璃幕墙中，白天整体通透，自然的阳光和灯光相交织，营造出灿烂千阳的感觉。水世界里的千米扇形泳池边伴有环形喷泉廊，一条清澈的水道蜿蜒如河流，贯穿室内外，直达玻璃幕墙外的各类温泉池，这是一条水汪汪的温泉路线。

有阳光海岸还不够，干脆打造全套热带风情，热带植物遍布其中，冬季里也能欣赏热带雨林的绿色奇观。

漫步度假村里阳光海岸般汤池，泡池里弥漫着中草药、鲜花、水果的馨香，汩汩的温泉水从周身各个方位涌出，池中袅袅升起的雾气盘旋在身体周围，如梦如幻，迷离又缥缈，能使身体得到全面的放松。

室内的汤池不仅白天开放，夜晚也是迎客的。所以，“阳光海岸”到了夜晚，呈现出完全不同的一番风情，在温柔旖旎的月光下，在晴朗星空的反衬中，高山流水潺潺，温泉池中波光粼粼的，满池翠绿，泡汤的人每一寸肌肤与水亲密接触。

在室外，特色汤池吸引着人们从阳光海岸风情里走出来。龙熙薄荷汤池和韩式真露酒汤池已经让人分不清这一池汤水，是用来泡的，还是用来品的。除此之外，还有一片温泉池是茶疗区，绿茶、红茶、花茶的清新香氛，舒缓着人的皮肤和精神。

龙熙温泉度假酒店是中国著名的台球大王“星牌集团”和香港“顺峰集团”两大企业联手打造的，所以康体健身也是酒店里的重点项目，除了温泉之外，它还开发建设了18洞国际高尔夫标准球场、38万平方米休旅别墅以及5000平方米体育健身中心。

◆自驾路线

走京开高速，从庞各庄出口下高速，到瓜乡桥右转向西，直行3000米，龙熙顺景别墅区西侧即达。

◆客房特色

280套客房和套间，其中海景房可俯瞰水世界，翠景房可看到高尔夫球场，房内浴池均临窗而设，另有8栋独立的豪华别墅。

◆门市报价

怡景房 RMB 699

海景房 RMB 899

翠景房 RMB 999

商务套房 RMB 1699

龙熙套房 RMB 2599

（以上房间加收 15% 服务费）

◆特色美食

异域风情浓厚，菜品丰富多彩是龙熙餐饮的一大特色。

萨礼睦清真餐厅：美丽的女侍者均来自新疆，新疆厨师献上美味的烤全羊，可供 60—70 人用餐。

那珀西餐厅：以美国加州一处优美的山谷命名，因山谷以盛产味美的红葡萄酒闻名，所以餐厅整体为暖色调，充满了各地葡萄酒的香气。从那珀的窗口可看到深具雨林气息的阳光温泉水世界，可供 160 人用餐。

芭叶香依泰餐厅：泰式青木瓜沙拉、冬阴功汤、加上一个又香又热辣的单人泰式小火锅，再配上一份咖喱系列的米饭，就是这里泰餐的最典型特色，可供 260 人用餐。

龙吟阁中餐厅：以清代皇室风格为格调，能同时容纳 400 人左右的大型餐会，配有中厅花园、室内回廊以及 14 个贵宾包房。特色菜是“中华宝鼎”，此款极品菜肴有燕、翅、参、鲍于一品，荣获首届中华美食金奖，代表了龙吟阁的华贵王者之风。

◆高尔夫球场

18 洞国际标准球场占地面积约 0.66 平方千米，有近 13 公顷树林与高尔夫水园林；11 洞灯光照明，可挥杆至午夜。

◆ SPA 水世界

占地 8000 平方米的阳光水世界，可同时容纳 300 人休闲洗浴，巨大的玻璃幕墙和泳池，伴有环形喷泉廊，一条清澈水道直达户外冬季温泉池；金色户外沙滩和排球场；多种南方热带植物，再造雨林景观；29 个泡浴池有温泉 SPA、香芬、药浴水疗、儿童戏水池等。还有冷热间歇喷泉广场和地热广场，独立暖身椅区域可迅速香体干燥；药王谷 VIP 包间 11 个，专供水世界宾客享用。

◆地址：北京市大兴区庞各庄顺景路 8 号

◆电话：（010）89282222

11 河北霸州茗汤温泉 温柔女人汤

从北京踏上京昆高速公路，不多久就可以到河北，虽然河北近在咫尺，似乎一切都太熟悉，但是实际上在与北京大兴相邻的河北霸州，却隐藏着一处令人销魂的“美人汤”。

京城不乏温泉资源，京北的龙脉温泉，京东的平谷温泉，京西北的延庆温泉……五大温泉带，主要以碳酸型、硫磺型、放射型和纯温泉型为主。30多个温泉度假地，都会标明自己温泉的类型，让人自由选择泡汤好去处。不过，霸州温泉比较特别，是属于含硫酸氢钠的重曹泉，对皮肤有很好的滋润功能，因此也被称为“美人汤”。

桃花吐蕊的时节，静心祈福之后，直奔霸州。据说这个霸州最老的茗汤温泉是台湾人投资的，所以度假村的格局充满了台北小镇的味道，室内外热带植物遍植，有108个分体温泉池（冲击泉、气泡泉、花草浴、养生药浴），其中包括6000平方米的室内椰树热带风情温泉池及30000平方米的室外松树露天温泉池，同时内外设有茶艺馆、按摩室、香熏休息室、咖啡厅、客房等设施。茗汤温泉属于苏打型（碳酸氢纳）地热温泉，井口水温约60℃，水质清澈无味，水中含有多种对人体有益的微量元素和矿物质，如锂、锶、锌、溴、碘、偏硅酸、偏硼酸、放射性氡等。通俗地说，茗汤温泉就是一种氟型的淡温水，如果经常性地在其中浸浴可以保持肌肤洁白且富有弹性。古人虽然不知道霸州温泉究竟含些什么元素，但是在这里泡汤可以美肤的消息早就不胫而走。明末清初时就曾有王公贵族人家的女眷来霸州沐浴，只不过，那时候她们前呼后拥，入浴时又都有一大堆丫环仆妇陪着，虽然奢华，却不能尽情。今天的女人没有华丽的仪仗，却可以自由地穿着泳衣趿着拖鞋四处闲逛，选一池自己喜欢的汤。

茗汤设了不少主题汤泉区，比如气泡区、生态园、养生药浴区、SPA理疗区、VIP

散客专用区、露天温泉区、个人汤屋区等不同区域及功效的温泉池。其实泡汤的环境如何不是最重要的，关键是水好。最让人喜欢的是这里的水疗，粗粗的水柱化作无数小锤，劲道恰到好处地落到身上，让每根神经都得到放松。当然，比这更有诱惑力的是户外温泉。大大小小的汤池星罗棋布在甬路两旁。池壁是用石头垒起来的，与户外景色浑然天成。

再有就是能碰到一位好的按摩师，能用纤纤巧手让人脱胎换骨。茗汤的按摩师比较全，中式、日式、泰式、推拿、贵妃式等多种风格都有，而且温泉酒店的30套日式个人汤屋也设计成以让人完全放松的格局，不住一宿是不会想走的。

泡了几个小时，血脉通畅了，人也显得精神，这个时候再有一壶香茶就完美了。茗汤显然已经考虑到了这一点，专门设了一个别致的沙滩茶艺馆。这个茶艺馆不是为了展示茶艺或者品什么极品好茶，只是在众多的汤池中间有一块儿小小的沙滩，沙滩中间绿色掩映，竹制的桌椅娴静恬淡，茶也多是养生的花果或者乌龙茶，不会醉人，却能让已经放松的四肢百骸再来个彻底的释放。

◆自驾路线

上京昆高速公路向南，到徐水转荣乌高速向东，到霸州南再转国道106线向北到霸州。

◆客房特色

非常喜欢这里的日式套房，进屋就是榻榻米，很有特色，RMB580/间。

◆温泉 SPA

室内54个池子，室外十余个池子。泡汤 RMB100/人，并且汤池无数种，可以任意选择最适合自己的温泉类型。

硫磺泉：含有硫磺的温泉，有软化皮肤角质层的作用，并有止痒、解毒的效能，是去痘去斑、治疗慢性皮肤病的有效疗汤。

铁泉：能改善贫血。对风湿病、更年期障碍、子宫发育不全、

湿疹等患者有效，愈靠近泉源的汤质愈好。

单纯温泉（碱性）：泉温25度以上，含微量元素，因此对身体刺激较少，但疗养的范围相对扩大，效能则视其中成分的多少而定。

硫酸盐泉：有镇静效果，可改善高血压、动脉硬化、风湿病、割伤、烧伤的情形。

正苦味泉：可以改善高血压、动脉硬化的情形。

食盐泉：具有绝佳保温效果的“保温热汤”，对风湿患者、手脚冰冷及妇科病症有改善效果。

放射能泉：含氡气和镭的温泉，是可泡可饮的全方位温泉，对糖尿病、神经痛、风湿病、痛风患者等有疗效。

单纯碳酸泉：含二氧化碳的温泉，泉温较低，能促进微血管的扩张，帮助血液循环，而且还有保温作用。

1 南京汤山温泉 泉华的遐思

年前的汤山温泉萧瑟冬日，树木凋零，几座青灰色的砖瓦房前，一池热腾腾的温泉散发着白蒙蒙的雾气。区档案馆新征集到的一张老照片，生动再现了汤山温泉70多年前的历史风貌。据了解，这也是该档案馆迄今为止收集到的关于汤山温泉最早的照片。这张老照片是从一名中日友好人士手中征集到的，大约拍摄于20世纪30年代。根据相片中的日语注解，该温泉为长八角形浴池，长一百六十尺（约53米）。相片注释中还有这样的描述："浸泡在那升腾的热气中仿佛浮现出古时春寒洗凝脂的倾国幻影，而那残存的石阶，则使人回想到历代皇帝来浴时的豪华壮丽画卷。"

照片中的汤池就是当年老百姓俗称的"八角琉璃井"。

诗情画意 上海汤

莫道江南冬意寒，不只是北方才能享受浸润着温暖的“春水”，在十里洋场的沪上冬日，顺着姑苏或者余杭的诗意古道任意行去，总能找到一些散落在凡间的仙女之泉。如果恰巧能碰到一场轻雪就更妙了，泡在热气腾腾的温泉里，任似有若无的雪花飘落，体验冰火两重天的另类浪漫。

汤池里温度很高，把鸡蛋放到里面很快可以煮熟，被称为“沸泉”，东侧大约3米处还有一处主泉，温度适中，被称为“温泉”，汤山之名便是因为这口温泉得来。汤山温泉日出水量5000吨，常年水温60℃~65℃，含30多种矿物质和微量元素，经鉴定属钙镁质，最适合于发展温泉疗养、健身娱乐、温泉度假等项目。

汤山温泉的泉眼附近，人们可以看到许多结晶较好的天然矿物。其中有白、浅黄、灰白等色的菱形体方解石，还有浅黄、浅绿、淡紫的立方体或八面体萤石。这两种矿物都是温泉水带到地面的沉淀物，称“泉华”。美丽多姿的泉华，是大自然生命的凝结，能勾起人们奇幻的神思。

自南朝萧梁时期以来，历代达官显宦、文人雅士来此游览沐浴，所以汤山温泉曾被封为“御用温泉”。1918年，被孙中山先生在《建国方略》中赞誉为“美善之地”。

◆自驾路线

从上海至南京可走沪宁高速公路，单程约280公里，高速公路费用130元左右。单向行程约3.5小时。在南京出口之前的汤山出口下沪宁高速公路后沿路标往汤山方向，不到10分钟即可到达。

◆推荐酒店

颐尚温泉度假村，集碑、泉、洞、湖、寺为一体，融人文景观与自然风光为一体，独具特色；南京御豪汤山温泉国际酒店则拥有高级房、豪华房、商务房等各类客房140余间，专设行政楼层与温泉套房，另有装饰风格迥异的温泉别墅更是招待贵宾的首选。

◆汤山温泉地图

汤山镇上，沿着镇大街两边，大大小小有近40家温泉洗浴处，其价格从一元到近百元不等，档次拉得很开。

高档如圣泉温泉浴馆，澡资要48元，温泉浴同时还有桑拿浴、芬兰浴、冲浪浴、电影厅、酒吧、棋牌室等设施，但含自助餐，连吃带泡比较实惠；此外还有美龄温泉山庄、戎泉洗浴中心等等。

中高等档次的有工人温泉疗养院，汤山天然温泉疗养院等，适合住宿、疗养，而温泉水也通房间。

较便宜的大众化浴室则比较隐蔽些，澡资均为2到10元，需要从大街两旁巷子里往里寻找，不过，在街上你可以问路人：汤山当地的人会很热情指路给你。像我们找到的寺庄村浴室，只要门票一元，虽然简陋，但别有情趣。

◆特色美食

御豪汤山温泉国际酒店主推民国特色菜与养生菜，带您感怀历史，品味美食。汤山镇上更是土菜多多，虽然本地土菜只是一些咸鸡咸鹅红绕肉之类，

但秉承江苏独有的甜咸口味，尤其是汤山板鸡，令人回味无穷。而且汤山板鸡的价格并不贵，20元钱一斤左右，可堂吃也可外卖，真空包装。靠近汤山高速出口还有一个汤山板鸡厂，可以直接上门购货。

◆汤泉门票

汤疗养生温泉门票 RMB 128

汤山一号温泉 RMB 158

汤山颐尚温泉 RMB 158

汤山圣泉温泉 RMB 108

汤山百倍圣泉双人温泉套票 RMB 216

◆温泉 SPA

汤山温泉度假村是目前长江三角洲地区规模最大、设施最先进、项目最具特色的按4A标准建造的温泉健康休闲养生基地。度假村由露天温泉区、休闲酒店两部分组成。其中露天温泉区又分为花草香浴区、土耳其浴区、巴厘岛风情区、芬兰浴区、罗马大理石浴区、洞窟浴区、养生中药浴区、假山主景观区等十余个浴区，建筑与环境自然融合，在山林与溪水旁，层叠错落，和谐有致。

2 溧阳天目湖温泉婉约冬日

天目湖御水温泉周边群山环绕，竹海茂密，不仅景色绝佳，而且形成了独特的小气候，一天之中隐隐有四季变化。所以，一天之内，无论何时，天目湖御水温泉都是泡汤休闲的好时候。

天目湖御水温泉是华东地区稀缺的碳酸氢钙型温泉，功效主要靠热产生医疗作用。可饮可浴，对神经系统疾病、运动系统疾病、皮肤科疾病等有

独特的理疗作用。经常浸泡，可爽身润肤、缓解疲劳，是焕发身心健康的天然矿泉。环境特色：石岩里原为一古村落，自然生态环境和人文环境积淀极为丰富，地形错落有致，地势自西南向东北逐渐减低，高

差较大，且二面各有一条沟涧，沟涧上有十多座保护较好的石拱桥。植被极为丰富，品种繁多，数百年的古树比比皆是。自然景色迷人，充分表现了浓郁的江南山村风貌。由于地处长三角地带，四季分明，气候宜人，周围又无任何污染源加之生态环境优良，空气质量极佳，是休闲养生的好地方。

万亩竹海环抱温泉，森林温泉实至名归。南连天目湖毗邻南山竹海，一站式休闲服务水到渠成。参天古树错落有致，小桥流水婉约江南，天然景观得天独厚。春温夏凉，秋爽冬雪，低五度小气候，一日似有春秋。四季更迭变换，留下四季全天各异的沐泉享受。

◆自驾路线

从上海出发走沪宁杭高速公路朝杭州方向，在溧阳南道口下高速，左拐向天目湖方向，往南再 20 分钟车程，即可抵达天目湖御水温泉。总里程数约 110 公里。

◆推荐酒店

天目湖御水温泉：按照五星级标准建造的温泉度假于 2010 年 4 月开业。周边群山环绕，竹海茂密，不仅景色绝佳，而且形成了独特的小气候，一天之中隐隐有四季变化。所以，一天之内，无论何时，天目湖御水温泉都是泡汤休闲的好时候。天目湖御水温泉的温泉区域内，小桥流水，山溪潺潺，婉约成典型的江南；古树参天，鸟声啁啾，闲适成梦里的桃源；修竹丛丛，山花烂漫，绝色成人间的天堂。52 个户外泡池分布于此，带你畅享世间温泉欢愉之精髓。

天目湖铭汤温泉：位于国家4A景区天目湖旅游度假区、车程仅仅10分钟，于溧阳市西郊，与溧阳“孟母神像”仅靠相连。孟郊泉自古孕育在太公山脚，经历地热变化，蛰伏万年，始于今欢腾于世。是常州地区第一家以园林式露天温泉为主题的养生之地。温泉占地面积一万多平方米，以准三星级标准建立。公司是集温泉、客房、餐饮、娱乐为一体的综合型休闲养生度假圣地。铭汤温泉属于偏硅酸多元复合型温泉，富含多种对人体有益的微量元素。具有水质好，水量多的特点，出水温泉42.8℃~45℃，水质中性温和，PH值为6.6.可促进血液循环，活化细胞组织，快速消除疲劳，并有效预防疾病，从而达到保健、美容，养生之效果。

江南天池温泉：江南天池坐落在天目山脉北麓，天池温泉属碳酸泉，碳酸泉又被崇称为“心脏汤”，对心脏病、高血压、动脉硬化、神经痛、肌肉痛、外伤、肠胃病等具有改善和治疗功效。碳酸冷泉加热后，与其他温泉一样，不会改变分子结构，对矿物质及微量元素没有增减，保留了泉水的原汁原味。温泉休闲区占地60亩，分游泳健身区、养生休闲区、中药理疗区、峡谷风情区、美肤焕身区，各色汤泉近50池，

整体建筑与峡谷翠竹相嵌，是您养生、健体、美容、休闲的极好去处。

◆特色美食

御水温泉有温泉养生餐（露天温泉区、酒店中餐厅）：提供泡温泉客人所需的营养餐食；特色自助餐（酒店一楼西餐厅）：具有特色、中西结合的自助餐；本地特色菜（商业区御水温泉乡菜馆）：精品野味砂锅系列、竹海当地特色菜肴。

◆门票预订

御水温泉门票价格：RMB218/位；景区开放时间：周一到周五：12：00~22：00；周六、周日：9：00~23：00。

◆温泉 SPA

如果要做矿砂浴、盐浴、擦休足浴和SPA都能满足，但是需要另行收费。

◆ TIPS

江苏境内的推荐温泉

【苏州天颐温泉】

苏州天颐温泉拥有营业面积10000平方米的温泉会所，室外汤区面积约24000平方米，室内外大小温泉39池错落其间，功能上分为本草、香薰、至尊、理疗、原味、休闲六个泡汤区，假山、瀑布、小桥流水穿插其中，充盈五彩亲亲鱼的鱼疗池、中央水景舞台、戏水瀑布，让您在泡泉之余尽享游乐体验。

【无锡樱花温泉】

日式樱花温泉紧邻历史悠久，风景秀丽的吴文化公园，占地面积上万平方米。集温泉、水疗养生馆、桑拿浴、儿童戏水池、游泳池、健身房等于一体，其中独具温泉特色的亲亲小鱼池、盐浴池、沙浴池、地热廊、情侣池等让您在体验温泉养身功效的同时，感受不同元素和风格的乐趣。让您在工作生活之余能放松身心，愉悦心情，享受高品质生活。

【扬州瘦西湖温泉】

扬州瘦西湖温泉度假村的温泉水质属于碳酸氢盐泉，富含几十种优质微量元素和矿物质，其中偏硅酸、锂、锶更是达到了矿泉水命名标准，属于国内罕见天然（医疗型）偏硅酸锂温泉，具有非常优良的医疗价值。扬州瘦西湖温泉度假村有形态功能各异的温泉池68个，分为公众区域和私密区域，公众区域又分为多个各有不同特色的主题空间，湖泊溪流、假山瀑布、小桥流水、亭台楼阁、

竹林小径与温泉池完美结合，相映成趣。

【泰州华侨城云海温泉】

泰州华侨城云海温泉拥有国内罕见的“三元温泉”，源自于1800米湿地深处，纯天然温泉水富含偏硅酸、锶、锂等多种对身体有益的矿物元素。秀美溱湖，宛如碧玉，得天独厚的环境资源，更是成就了云海温泉的卓越品质。50多个特色温泉池散落在花草树木之间，含有中药保健浴、瓜果饮品浴、花卉灵草浴、原味汤池浴及私密园林情侣浴，亲亲鱼池和石板浴等特色项目。水雾氤氲，疑是仙境，泉涌自然，灵气逼人；在天地最为眷顾的地方，沐汤修德，放逐身心。在一片园林风光中，专为情侣而设的11个风情各异的温泉汤池，分别是浣沙溪、蝶恋花、忆江南、采桑子、南歌子、长相思、雨霖铃等。

浙江境内的推荐温泉

【金华武义清水湾沁温泉】

武义清水湾沁温泉的温泉水抽取自溪里温泉，属武义温泉旅游度假区管委会管辖，其日出水量达4000~6000吨以上，常年水温42.6℃~44℃，PH值7~8，水质略显蛋青色，属重碳酸氢钠－硫酸盐型温泉水，含有多种对人体有益的微量元素和矿物质，属大型的医疗热矿泉，泉水中氟含量都已达到医疗价值浓度，称为“氟泉”。

【金华唐风露天温泉度假村】

唐风露天温泉度假村是在原武义温泉山庄的基础上投资开发的以露天温泉为主导产品的三星级度假村。度假村地处武义壶山省级森林公园内，占地一百多亩，是集温泉沐浴、客房餐饮、商旅会议、棋牌娱乐、休闲度假等多种功能于一体的生态健康旅游的胜地。

【宁海森林温泉】

宁海森林温泉俗称天明山南溪温泉，是中国三大著名温泉之一，它坐落在宁海县城西北深甽镇天明山幽谷中，距县城25千米，距宁波市区76公里。森林温泉之泉水取自天明山158米龙脉深处，无色无味，

水质清澈透明，水温 49.5℃，日出水量 2500 吨，PH 值为 7.9，呈弱碱性，兼有 20 多种对人体有益的矿物质和微量元素。温泉被著名的天台山和四明山环抱，终年青山碧水，草木葱茏，溪水潺潺。据测定，这一带 地热水不但蕴藏量大，水温适中，且水质清澈透明，品位甚高。

安徽境内的推荐温泉

【黄山醉温泉】

黄山醉温泉古名“朱砂泉”，地处黄山市屯溪区花山路，占地面积 24 万平方米，温泉区配有客房 800 余间，文化休闲保健项目 30 余项。黄山醉温泉为世人称为“天下名泉”，它与骊山的华清池、安宁的碧玉泉并称为我国温泉“三奇”。醉温泉水质好、中性温和，出水温度是 44.4℃，PH 值为 6.6，属于偏硅酸多元复合型温泉，富含多种对人体有用的微量元素：偏硅酸、镁、溴、铁、钾等。对预防疾病、美容养颜、消除疲劳、促进血液循环、改善肤色以及一些风湿、关节病有良好的功效。

【巢湖半汤温泉】

半汤温泉是蕴含于地下深层岩石裂隙中的积水，通过不停的运行，在地温、地压长期作用下，不但获得了地层深部传导的热能，水温达 55℃ ~62℃，属高温型矿泉水，也获得了溶解于泉水中的各种元素，形成了全国著名的有保健、治疗作用的温泉。经测定，半汤温泉水中的元素呈离子状态。它可透过人的皮肤或附着体表，参与人体各种代谢活动，温泉水中的化学成份在水温、水压及浮力等共同作用下，可使人体末梢血管扩张，改善微循环，旺盛新陈代谢，改善心肺功能，增强代偿机能和调节内分泌等功能。半汤泉水冷热合流，洁明清澈，出地一般在 55℃，内含内性元素 30 多种，其中每毫升含 80~120 埃曼氡气，在国内罕见。半汤既产沐浴温泉，又产饮用矿泉，品位上乘，质量优良，可与驰名世界的 8 大饮用矿泉水媲美，具有极珍贵的开发价值。

陕西 怀古贵妃浴

陕西是温泉之乡，全国发现的第一口温泉就在陕西境内。白居易曾描写杨贵妃出浴“ 春寒赐浴华清池，温泉水滑洗凝脂”。陕西境内温泉资源丰富，著名的温泉洗浴和疗养胜地有临潼、蓝田、眉县、勉县、咸阳、华山等地。

1 西安楼观台养生道温泉

今日的华清池只不过是个小小遗址，人们很难想象仪态万方的太真仙子能在那里沐浴，不过贵妃出浴的遐想却始终牵动着每个泡汤爱好者的敏感神经。事实上，整个陕西境内拥有众多优秀的温泉脉，临潼、咸阳、洽川、蓝田……显然历代帝王都知道如何享受这天赐的温柔。

唐朝尚道，以至于每一位帝王和得宠的后妃都有自己的道号，并大都捐建许多金碧辉煌的道观，被称为“天下第一福地”的楼观台便是其中的一处。楼观·道温泉以自然生态为景观环境、以道教文化为基本文化氛围、以珍稀野生动植物和山林景观为游览对象、以温泉休闲养生保健为主要休闲方式。

道家养生汤与其他的温泉不同之处，就在于它把温泉本身的功能淡化了，或者说作为辅助剂，主角则是各种各样的草药。比如“五香汤”，是用的兰香、荆芥头、零陵香、白檀香、木香，泡完能让人浑身散发出迷人馨香，精神振奋并且皮肤有光泽；“云语香汤”，则是用谷精草、茵陈、决明子、桑枝、白菊花、木瓜、桑叶、青皮有，不但能清风热、利湿热，还能润肤美肤，抗老保颜；“逍遥香汤”，则是把薄荷、防风、白芷、粉葛、炒蔓荆、川芎、桑叶放在一起，芳香疏风畅体，还能止痛清头目；“六味甘露汤”是用桑叶、桑枝、桑寄生、松枝、桂枝、徐长卿户，主要是强筋壮骨，补益肝肾，温通气血，行气活血，祛湿、止痛……其他如六福汤、枸杞汤、薄荷汤、当归汤、果蔬汤、女贞子汤以及花草泉、甘草泉、银花泉等等，也都是养生珍汤。

◆*自驾路线*

从西安出发太白南路起—绕城高速公路—京昆高速公路—S107—终点楼观台（全程约 70 公里，预计 1 小时车程）

◆*推荐酒店*

楼观·道温泉酒店的大堂大门以连续的三樘六扇木门为装

饰，采用直棂状造型，在正中的一樘门上安置一个圆形木板，其周边装饰曲线画出“软烟云”用来代表八卦，这都体现了酒店对道家文化精髓的重视。酒店的家具也多采用改进款式的明式家具。

◆景区门票

门票 RMB 198

温泉世界的营业时间为 13:00~01:00

1.2~1.4 米儿童享受温泉半价 99 元，1.2 米以下免票

景区 SPA 项目需另外收费

自备泳衣、泳裤

温馨提示：儿童和 60 岁以上老人需要有监护人陪同。

◆温泉 SPA

道温泉拥有 53℃的出水温度，每天 720 立方米的出水量，含 HCO 化学性质 PH 值为 7.90 的中性水，水中含有多种矿物质和微量元素，以健康养生、修身养性的中国传统道家养生理念为基础，含有道家养生汤、六福汤药浴、花草泉、亲亲鱼池、纯温泉的五大类型养生汤，其中共有 16 种不同保健养生功效的温泉，充分满足各种游客的保健需求。

◆温泉之道

两千年前老子在陕西西安楼观台著成大作《道德经》，流传至今为今人所用。道德经里面修生养性，教导人生以及传达信仰的篇章为世人所吟，世世代代传达中华民族传统精髓与博大精深的文化，楼观台经过两千年的洗礼吸收日月精华，来到这里的人们也接受着道教人文熏陶，每年来这里的游客也是络绎不绝。

2 西安东大温泉区 全家总动员

“生在古都，学在草堂，若要泡汤，马放南山。”这不是什么名言，只是听一位西安朋友信口讲的俗语。西安市长安区的东大温泉度假区被很多西安人所熟知。这里是全家总动员泡温泉的首选地。

东大南山温泉西面有千年名刹草堂寺，东有樊川古寺庙群，北有西周丰镐遗址，不用特意幽思怀古，随便吸一口这里的空气都充满了周秦汉唐的味道。还没放下全部的束缚步入汤池，周身的细胞便已经悄悄释放了。东大南山温泉酒店有一个南山苑，跟其他酒店不同，基本上就是建在山间的一栋温泉城，可以随时呼吸泥土的芳香，远离城市的喧嚣。

◆自驾路线

从西安市区出发，经黄雁村走西万路可以直接到达位于终南山下的东大温泉区。西安东大南山温泉距离西安咸阳国际机场 35 公里，乘大巴 60 分钟。距离西安火车站 25 公里，出租车 40 分钟。

◆推荐酒店

东大南山酒店客房部设有豪华套房、家庭套房、标准间、三人间、五人间、七人间等。

在汤池区以北的别墅区，共有高档客房 30 余间。

机场温泉酒店位于西安市长安区东大温泉度假区，占地百亩，南依终南，北距丰河，西临高冠河，景色秀美，院内高温温泉含有大量有益矿物质，有消除疲劳，保健强身，延年益寿之功效。

东大秦龙温泉度假酒店和新大地温泉度假中心都出售套票，秦龙温泉品种多，室内、露天、半露天一应俱全。这里可以就餐，还可以选择不远处的农家乐，空气清新，是暑期避暑、冬季休闲的好去处。并且离西安近，交通方便。这里的消费略低些，人均150元左右。

◆景区门票

东大南山温泉成人票RMB138，东大秦龙温泉成人票RMB199

景区开放时间：9：30—23：00

◆特色美食

南山温泉酒店餐厅可容纳200多人同时就餐，设有贵宾间和豪华包间，满足不同口味需求，并提供地方特色小吃。

◆温泉 SPA

东大南山温泉分为主温泉馆区、木屋区、室外汤池区。池中幽幽温泉碧水涟涟，水面忽似薄云，忽似轻纱，沐浴其中尽享人间仙境。

3 蓝田东汤峪 桃花水千金

桃花三月汤泉水，春风醉人不知归”，这美美的桃花水就是循蓝田古道往秦岭北麓可以追到的蓝田汤峪温泉。蓝田汤峪温泉位于西安市东南秦岭北麓蓝田县城西南 20 公里处汤峪镇的唐子杰村南边，为“蓝田八景”之一，距西安市 40 公里。因和眉县的汤峪温泉东西相对，故称东汤峪温泉。早在 627 年，当地群众就挖塘修泉进行沐浴，名曰“玉女疗养胜地——东汤峪温泉”。

东汤峪温泉的发现利用，据传始于唐初。仰吊当年雍容华贵的杨贵妃，地处石门关的汤峪温泉就是李隆基与杨贵妃最早沐浴的地方，因此人们把汤峪温泉确定为皇室沐浴之源，世界温泉沐浴发祥地。宋敏求《长安志》载：“明皇时赐名大兴汤院，并扩建五汤曰：融雪、玉女、涟珠、漱玉、濯缨”，分别供官绅、军人、妇女和平民淋浴。唐玄宗与杨贵妃沐浴后赐名“大兴汤院”。在此沐浴之人数众多，唐玄宗为让天下百姓共享此处温泉的好处，遂与杨贵妃另择他处沐浴泡汤。

汉代建有闻名于世的“皇室御汤院”，雄才大略的汉武帝刘彻，曾在汤峪、焦岱一带修上林苑，兴建鼎湖宫，还经常在此狩猎演百戏进行娱乐活动。他的儿子汉昭帝刘弗陵又把石门汤水赐给其姐盖长公主作为沐浴之用。东汉开国皇帝光武帝刘秀也在这里留有许多传说和遗迹。

直到清朝初年，这里仍然修建有四座汤池。每年从四乡八镇赶来的洗浴者人山人海，摩肩接踵，故有“桃花之水值千金”之说。不少来治疗的患者，由于沉疴痼疾得到了治愈，恢复健康，激动之余不免挥毫泼墨，吟诗作赋以颂扬汤峪温泉。其实东汤峪温泉水含有钾、镁、铁、钙、碘等多种元素。出水口水温为50℃左右。有促进人体组织代谢和杀菌作用，对牛皮癣、慢性湿疹、慢性关节炎、腰肌劳损等病均有较好的疗效，是一处不可多得的疗养沐浴治病处。又建成了汤峪疗养区，供人们休息、疗养和治病。

◆自驾路线

从西安出发，到大雁塔后一直向南，走航天大道向东直行，上雁引路后一直向前，到达环山路后向汤峪方向走可直达。

◆特色美食

各式西安特色美食，山野菜、土鸡、土鸡蛋。在汤峪温泉有不少平民疗养院，农家饭菜不错，人均消费才百元以内。

◆推荐酒店及浴场

蓝田碧水湾：位于东汤峪的碧水湾阳光浴场是西北最大的露天泡汤浴场，主要分布在汤浴泉畔，环境优雅宁静，是一个集生态观光，温泉泡汤为一体的休闲度假区，拥有“中国皇家温泉之源”的赞誉，是一个集养生、养老、商务旅游、户外考察为一体的运动场所。目前正在营业的项目有养生湾、碧水湾两项。

蓝田天潭温泉：

景区内有自助餐，38元/人；

有餐厅，一般菜都有，适合大众消费水平；

酒店住宿为四星级；

景区内免费提供洗浴用品，需携带泳衣。

成人票 RMB 108

◆温泉 SPA

汤峪温泉保健有“浸泡、喷淋、

畅游、蒸气”四种方式。

“浸泡”可在室外温泉池、室内温泉房内以最舒适的温度慢慢浸泡，使温泉中的有益物质渗入身体，有如进行针灸治疗，浸泡后独有身心舒畅之感。

“喷淋”可在房间浴室内使用花洒由头到脚全身淋浇，喷淋后若不即行擦干，您将发现身体如有一层薄膜覆盖的感觉。

“畅游”是在大型室外温泉泳池中，尽心放松，休闲浮游，加上热力的按摩，您将能感受到普通泳池不可比拟的舒畅。

“蒸汽”是在桑拿房内，利用汤峪温泉水的高温蒸汽，有效渗入皮肤，促使毛孔扩张，有消除疲劳之功效。

4 华山御温泉 心醉暖雾中

总是泡大众汤，虽然“与民同乐”，但是偶尔来一下高端私密的体验也不错。在绝险的华山脚下我们就“奢”了一把，住进了御温泉的VIP温泉花苑别墅。这里不仅需要提前很久预订，而且确实是“一汤难求”，所以能住到也比较兴奋。这里的5栋VIP温泉花苑别墅各种高贵雅致，每栋别墅都有自己独特的别致名称，每个房间内的装饰主题都和所在别墅的名称相符，每个别墅庭院里都设有私家露天温泉、地热带（石板温泉），以及假山瀑布、小桥流水、观景鱼池。夜宿这样精心设计的地方，泡一泡私汤，身心顿时极大放松。我这次有幸住到的是6号别

墅——“名酒汤槐花苑”，不仅泡名酒汤泡了个够，还享受了一次免费赠送的药足浴，接着当然就是一夜好眠了。

◆自驾路线

从西安出发，走西潼高速公路，经渭南至华县“罗敷”出口下高速左转，向北走大(荔)华(县)公路 2.5 公里，即到华山御温泉。路程共 109 公里，行车约 1.5 小时。

◆推荐酒店

华山御温泉度假村位于华山脚下，是全国首家集兵器游乐、温泉养生、休闲、度假、娱乐于一体的主题旅游点。这里非常适合年轻人远离都市喧嚣，一起享受小小浪漫。

VIP 温泉花苑别墅—5800 元/栋（春夏促销价，门市价 13800 元，可以免费提供住店客人养生早餐，在住店期间可以免费享用特别的桑拿浴，当然也会得到免费提供的消好毒的泳衣泳裤，至于免费提供的水果、饮品、养生茶就更不用说了。别墅大厅在休息时更是享有家庭影院、卡拉 OK、自动麻将、玛瑙象棋等棋牌娱乐，有趣的是还为在意体重的女性客人提供了可以测量脂肪含量的电子秤。需要说明的是 VIP 温泉花苑别墅的入住时间为 15：00，退房时间为次日的 13：00，次日 19：00 前加收半日房租，超过 19：00 加收全日房租。还有入住 VIP 花苑别墅的客人到休闲养生露天温泉区泡汤可享受 RMB88/ 位 / 次的特惠价。

◆特色美食

华山御温泉滋本野料馆倡导“绿色、健康、美丽、养生”的饮食新概念。选材考究，多种原材料均源自黄河和华山野料，更有陕西农垦千亩无公害基地为依托，精料细作，颠覆传统的膳食理念，以全新的滋本野料诠释养生真谛。

◆温泉 SPA

华山御温泉度假村项目区拥有含极高保健价值的温泉资源，水温高达 105℃，其中锶、碘、氟、锂等多种矿物质，达到医疗保健国家标准。出水温度高，露天别墅浴池，特色药浴。

“瀑布温泉”：水温基本上 39℃ ~40℃。享受瀑布下的一泓热泉，再接受瀑布冷水刺激，冷热交替、刺激神经、强身健体，其乐无穷。

“名花汤”：水温基本在 39℃ ~40℃。每隔两个时辰（4 小时）更换旋复花、莲花、月季花、金银花、扶桑花、草红花等精选花粉，浸泡此泉，能有效平衡人体阴阳，调节身体机能，对普遍常见病有标本兼治的作用。

“至尊泉”：提供独立的私人空间，供身份、地位尊贵的客人享用，由休息间、洗手间和露天温泉池组成，配置电视、电话，可透过玻璃观赏窗外风景，可根据客人爱好调节水温，需另付费用的项目。

◆景区门票

只泡温泉的景区门票是 RMB 169，不包含泳衣泳裤泳帽等装备，请自行携带或至景区另行购买。1 米以下儿童免票，1.1~1.4 米儿童购儿童票。

◆ *TIPS*

陕西境内的推荐温泉

【咸阳海泉湾温泉世界】

咸阳的足底按摩名扬天下。最近，咸阳举办了以“养生、和谐、发展”为主题的中华养生节，中国自古有着重养生的文化传统。咸阳的目标就是着力打造“中国第一帝都”和“养生文化名城”两张名片。说起温泉，咸阳还真有与临潼一决高下的意思。咸阳的海泉湾世界是比较大的温泉度假胜地，以室内沐浴为主，里面罗马浴、土耳其浴、印度佛浴等不同国家温泉浴，能让人体验异域沐浴文化。但其价格也不菲，一般人均消费在 200 元以上。另外，泡完温泉，还可以享受各种足底按摩，让身心来一次彻底放松。

海泉湾温泉世界成人票

RMB 168

景区开放时间：10:00–24:00

【咸阳地热城】

咸阳地热城以中国古典文化为内涵进行构造与装修，天然温泉为特色，营造了中国传统文化意境。为了保证温泉品质，地热城所有池体均采用“不间断注入法”。另有大型日式户外温泉区，在蓝天、沙滩的衬托和园林艺术特色风景的围绕下别具情趣，儿童娱乐区更别具一格，而且带有音乐的喷泉更让您耳目一新。

咸阳地热城成人票 RMB 88

【临潼华清爱琴海】

到西安泡汤，自然不能错过华清池，虽然华清池本身早已经名不副实。临潼有闻名世界的华清池，这里曾是唐代杨贵妃的沐浴之所。如今，爱琴海登陆临潼，让临潼的泡汤文化开始走品质路线。不少西安大公司的客户答谢会都选择在这里举办，如沿海五星级酒店一样的绿化，曲径通幽的一个个药汤池，室外雅致的温泉景观与室内的精致餐饮文化相结合，给人不同凡响的本验。

游客住在这里，还可以游览兵马俑、华清池，相信会对陕西周秦汉唐的帝王文化有更深入透彻的了解。这里人均消费也在 200 元以上。

临潼骊山华清池温泉约形成于二三百万年前，温泉常年保持 43℃，泉水含有石灰、碳酸钠和硫酸钠等多种矿物质，在中国温泉协会的水质检测标准中，是等级最高的温泉水之一，具有非常好的疗养保健作用。也因唐玄宗与杨贵妃的爱情“春寒赐浴华清池，温泉水滑洗凝脂”而名扬天下。这里有着海滨度假的浓厚感觉，会让人感觉休闲、放松，回归大自然，视野非常宽阔。

爱琴海周边景点：可游览兵马俑、华清池、西安事变兵谏亭

等，沿路还可看到无尽翠绿的百年石榴林。

【洽川处女泉】

洽川是我国黄河流域最大的湖泊型湿地，也是陕西关中一带难觅的温婉水乡。处女泉隐藏在茂密的芦苇丛中。水温常年保持在19℃～31℃，富含锶、铜、硒等微量元素。洽川处女泉属喷发型温泉，水下有泉眼多处，泉涌沙动，如绸拂身。

周边景点：处女泉边有合阳戏曲——线戏表演。芦苇、温泉、戏曲构成妙不可言的田园享受。

住宿推荐：处女泉附近有度假山庄、农家乐可提供住宿及当地特色饮食。

美食推荐：黑乌鲤、辣子豆腐、农家菜。

【眉县西汤峪】

眉县汤峪温泉位于太白山北麓汤峪口。有大泉三口，日涌水量400多吨，水温经常保持在60℃左右，水中含有钾、钠、镁、铁、钙、碘等多种矿物元素。因硫酸钠含量较多，故定名为“低矿化弱碱性硫酸钠型高温泉”。汤峪温泉水的妙处在于，为刚爬过太白山的车友提供了最佳的休憩方式。

周边景点：太白山国家森林公园，现在已积着厚厚的雪，山上的雪松也是一大看点。

美食推荐：野兔、猕猴桃。

TIPS

冬季泡汤

◆泡汤时间不要过长，头天晚上要充分休息好，以确保身体健康，并注意泡汤后的保暖和休息。

◆要饮用足够的水分，以免因脱水而休克。

◆冬季泡汤前，最好先用温泉水做个“暖身浴”。

先从脚淋起，慢慢往上，全身都要用温泉水润湿。最后用温泉水浇淋头部，让身体各毛孔打开，尤其高温的温泉水。

◆渐进式的入浴方法。接着，静静地进入浴池中泡，刚开始只泡到胸口部分，5分钟以后再慢慢泡到肩膀高度。渐进式的入浴方法可以避免脑充血的现象。泡汤时间长短视温泉的温度而定，如果汗流浃背，或是心跳急速加快，则可先起身休息，过五六分钟后，再继续第二回合泡汤。

◆身体素质较好的人，可以尝试冷热水交替的泡汤方法。初次尝试的人，在冷水里的浸泡时间不应超过一分钟。以免腿部抽筋。并且最好有朋友和家人陪伴。若有心悸、头晕现象，应缓缓起身，步出浴池，安静休息片刻，如果情形没有改善，就要停止泡汤。年纪较大或是心脏较为衰弱的人最好采用坐姿。

◆结束泡汤后，一定要淋浴冲洗。擦干身体和吹干头发。在温暖的室内接受按摩师的按摩最佳。可以解除疲劳，也可以调理身体。如果是拔火罐和刮痧，要注意全身保暖。

SPECIAL ROAD

公路专辑

从前以为后工业时代的许多革新都会与传统形成悖谬——飞架空中的路桥在城市里还不显突兀，但在大自然中定会破坏山川之美。现在，这种想法正渐渐被美好的现实改变……在山腰蜿蜒的公路不是山的伤痕，而是为葱绿衣衫的美人系上腰带；在陡坡上盘旋辗转的螺丝桥不是坡的桎梏，而是打破了寂静山岭的单调；穿越山腹的隧道不是无情的利刃，而是打开山之隐秘的九连环……

有形的公路和无形的心路都没有终点，总以为阅尽天下美路、险路的人，不妨再多看一看，转过一道弯，路仍然在延伸……

“每次开车路过这里，看见窗外的山，我都想哭，这里真的太荒了。”我们的司机杨根录在从兰州到敦煌的路上发出这样的慨叹。他是一个典型的中国西部汉子，出生在甘肃平凉，当过10年兵。转业后他一直在运输公司开货车，来往于河西走廊运送物资。就像古代那些驻守边关的军人一样，他把大部分的青春岁月都留在了国道312线上。

虽然这个冬天格外寒冷，但情人节适逢春节长假，双节相聚的热度足以抵御久违的严寒。还要窝在城市里玩儿“吃饭、逛街、看电影”的老三样儿吗？城市周边越来越发达的旅游公路网怎不让你跃跃欲试？携手你的他（她），带上一颗浪漫的心，出发吧！看看本书为你精心设计的8条“浪漫双行线”是否能制造足够的惊喜？

失落的河西道

浪漫双行线

撰文 / 摄影 _ 王牧

失落的河西道

“每次开车路过这里，看见窗外的山，我都想哭，这里真的太荒了。”我们的司机杨根录在从兰州到敦煌的路上发出这样的慨叹。他是一个典型的中国西部汉子，出生在甘肃平凉，当过十年兵。转业后他一直在运输公司开货车，来往于河西走廊运送物资。就像古代那些驻守边关的军人一样，他把大部分的青春岁月都留在了国道 312 线上。

失落的河西道

乌鞘岭下，一对年轻的夫妇骑车驶过，他们可能早已对周围的景色麻木，浑然不觉自己也成了我们眼里的风景

夕阳刺目的光线透过挡风玻璃直射进来，48岁的杨根录摸索着从一个深蓝色的眼镜盒中拿出一副墨镜戴上，双眼仍然目视前方，表情坚毅。我随手帮他点着了一根当地牌子的烟，烟味儿很冲。透过他吐出的第一口烟雾，我看到了窗外那片甘肃大地，天空和远山都融化在土黄色的灰尘中，汽车在黄土高原和青藏高原之间的过渡地带向前奔驰，一条新铺就的并不是十分宽阔的柏油路通向那个使用了两千年的名字——西域。

崭新的国道312线路牌
早已代替了“河西道”的标签

在通往西域的漫漫长路上，兰州无论从地理上还是历史上都是至关重要的。从空中望去，兰州仿佛是用黄土砌成的狭长城堡。宽阔、凝重、

平静的黄河从城中流过，四周几百米高的山把兰州围在了中央的河谷地带，整个城市就散落在黄河的两岸。

因为多山的原因兰州城里无法建设机场，所有抵达兰州的飞机都要在市区西北120公里的中川机场停靠。除了正在兴建的写字楼、几座大型商场和宾馆之外，很难看到高层的建筑——西部的这些省会城市好像总是处于建设中的状态。陆路交通十分发达，这里是陇海、兰新、包兰、兰青四条铁路干线的起止点。兰州的西编组站，是中国西北最大的货运编组站，西部的特产和内地物资都要在这里调配。当然，最方便的还是公路，共有10条14个方向的高速公路和国道经过兰州，它们分别是G6（北京－拉萨）、G30（连云港－霍尔果斯）、G75（兰州－海口）、G22(青岛－兰州）、G109（丹东－拉萨）、G212(兰州－重庆）、G213（兰州－云南磨憨）、G309(山东荣成－兰州）、G312（上海－霍尔果斯)和G316（福州－兰州）。其中，从上海到霍尔果斯的这条国道312线(沪霍公路）可能最能说明兰州的地理属性，那就是西域的大门，河西走廊的起点。国道312线从兰州开始，便正式走上了1000多公里的西域之路。

兰州古时被称为“金州”，也许和它相对富饶的物产和重要的地理位置有关。像每一个历史悠久的中国西部城市一样，对兰州的印象一定是它古老与现代之间的冲突与融合。兰州古老的一面主要都集中在黄河的两岸，我看到人们在靠近繁华市区的黄河岸边休息。那是一个周末的下午，阳光很暖，一些70多岁的老人集中在一个中式的八角亭中唱一种源自中原地区的戏曲。他们使用二胡等一些拉弦乐器，在他们的身边放着鸟笼，他们的老伴儿大都在亭子下面一处新修的用来按摩脚底穴位的鹅卵石路上领着孙子、孙女们走来走去。另外一些四五十岁的人大多依靠下象棋来消磨时光。

在河边基本上是看不到年轻人的，甚至白天在街上也很难见到二三十岁的面孔，他们的玩乐多在酒吧或者迪斯科舞厅。兰州曾是中国拥有酒吧最多的大城市之一，现在这里的酒吧文化已渐渐转入地下。今年21岁的金涛告诉我，他16岁就开始泡各种音乐酒吧，不过现在，酒吧变了味儿，“乐队很早就没有了，有些酒吧干脆像电视上那样演小品来招徕客人。”

我在一个阴雨的下午造访了一个据说在城里很有情调的酒吧，它隐藏在一条巷子里，紧挨

乌鞘岭附近的汉长城比起明长城来保存得就差多了，已经丝毫看不出长城的气势，倒像几座小土丘了

从汉朝直至清朝，真正改变着河西走廊的动力正是交通。从地理上看，黄河流出青藏高原后在兰州附近向北流去，若以黄河为界，就有了“河西” 与“河东”之分。

着一间制醋的工厂，那间酒吧有很大的落地窗，透过窗子可以看到隔壁院子里有一座古老而高大的砖塔。“旁边就是兰州市博物馆，我这里是全兰州最有文化品味的地方，今天因为下雨，来的人少多了，不过兰州很少下雨，基本上都是阵雨。”这个酒吧的年轻老板如是说。

从黄河铁桥到乌鞘岭
艰难地寻找活着的历史

在黄河的岸边最为著名的应该算是黄河铁桥了，外地和本地的游客争相在一块写着“黄河第一桥”几个红字的石碑前合影，各种机动车、自行车、三轮车和行人把桥面挤得水泄不通，这座横跨黄河的铁桥是1903年德国人修建的，据说当时把建桥的材料从中国东部的港口运到这里费了很长时间，换了很多种交通工具。如今在这个兰州标志性建筑的南面是这个城市最繁华的街道——中山路，在这条路上有超过50家的兰州拉面馆和各类商店，路边的巨型广告牌在宣传着某个新建的高档居住区。黄河上面大约50米的空中架着供游客观光的缆车。在对岸，一座颇为显眼的大清真寺耸立在岸边，兰州市民中有很多是信奉伊斯兰教的。

离开兰州后，我们继续追寻河西走廊逐渐消

乌鞘岭汉长城旁，当地牧羊人把石块摆成长长的一条，不知道是不是一种祭祀的形式

景泰县黄河岸边，一位穿着朴实的大妈对着我们腼腆地微笑，不知为什么看着她竟然想起了母亲

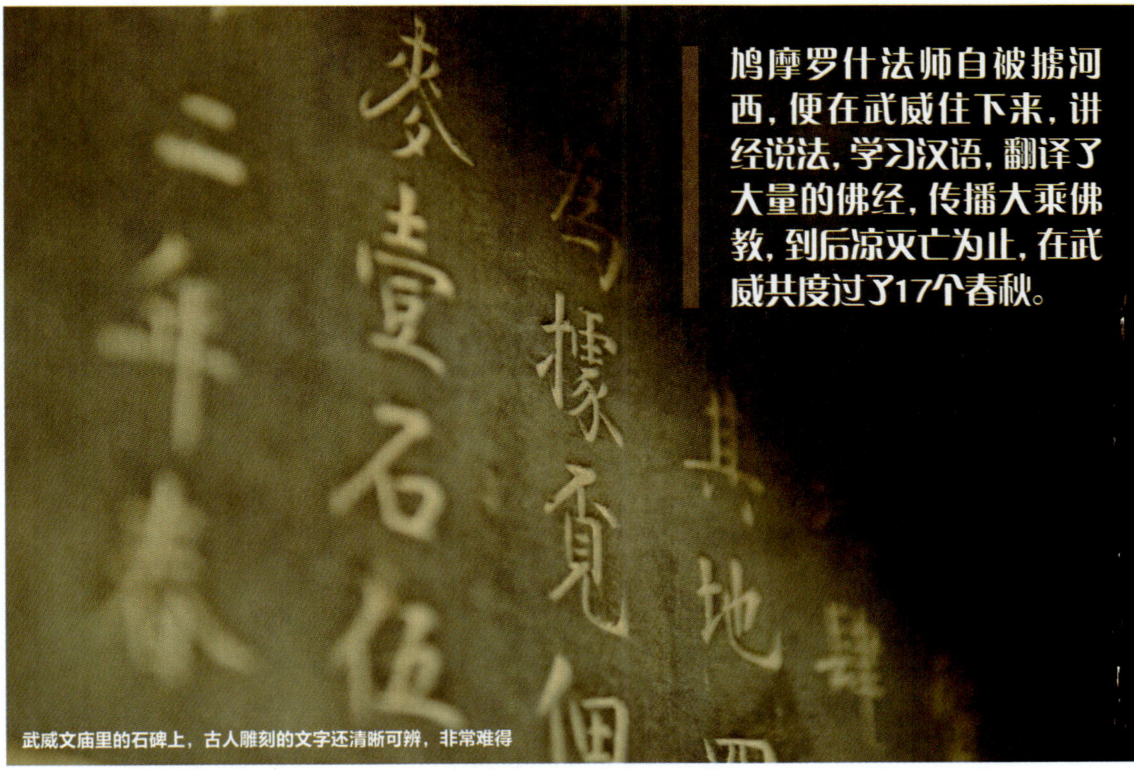

武威文庙里的石碑上，古人雕刻的文字还清晰可辨，非常难得

隐的足迹。沿着国道 312 线西行约 50 公里，来到一个叫河口的地方，我们过了一座铁桥，就到了“河西”。然而这里离“走廊”还远着呢。继续向西行驶，国道 312 线、庄浪河和兰新铁路三线并行了很长一段路，在永登县城里我看到一个集贸市场里有一座长城烽火台，这是我此行看到的第一座被修建成完全中式的亭台楼阁，人们在里面交易各种商品。在街上是一排卖水果和新鲜肉类的摊子，这个城市的居民大都在市中心的一个广场上活动，繁华的商业区主要集中在广场周围。

在广场的对面我看到一座五六层楼高的砖塔孤零零地立在一片废墟中，“这里原来是一座监狱，现在拆掉了，准备要重修这座鸠摩罗什寺。”一位姓马的建筑工人指着那一大片废墟说，这座即将重修的大型佛教寺院占地 20 亩，大概要花费数百万人民币。我找到了鸠摩罗什寺的主持理智法师，他穿着一身明黄色的僧袍，正在指挥工人工作。听说我是记者，他不无自豪地给我们介绍：“我们要早日重建鸠摩罗什寺，把它建成西北最大的佛学院。”他拿出一幅精美的效果图，给我指点着这所佛学院未来的布局和特色。

“鸠摩罗什是 3 世纪的龟兹国人，就是今天新疆库车一带著名的高僧和佛经翻译家，他 7 岁出家，年轻时一直在当时的西域 36 国游学、讲经说法，后来他又去天竺，即今天的印度学习多年，带回大量经书，据传他 70 岁时圆寂，火化后得舌舍利，就安放于鸠摩罗什塔中。”理智法师说。“但他和武威到底有什么关系呢？”我好奇地问。

“自古以来，看似独立的宗教其实也与政治、军事有着密切的关联。鸠摩罗什法师在西域诸国讲经说法的时候，正是中原大地南北朝军阀混战的五胡十六国时期，各路诸侯占地为王，在 100 多年里建立了 16 个大小王国。占据着北方黄河流域的前秦王符坚是个信仰佛教的人，他曾听说过鸠摩罗什法师的种种传闻，对罗什法师心仰已久，希望罗什法师能到长安来弘扬大乘佛法。”

“建安十七年三月，西域番国的鄯善前部王和龟兹国王白纯的弟弟白震到长安向符坚朝拜纳贡，对符坚说西域有很多稀世珍宝，如果符坚派兵前去掳掠，他们可以做内应，符坚是个好大喜功的人，尽管他无意强取西域诸多的珍宝，却动了强行掳取罗什法师来秦说法的念头。”

“建安十九年，符坚派出骁骑将军吕光、陵江将军姜飞统领7万大军长途征战，向西域挺进。这次统兵西行，是自汉武帝时张骞通西域以来，中原地区对西域最大的一次政治和军事行动，由于当时西域诸国之间相互倾轧和争斗比较频繁，为取得政治上的依靠，他们绝大部分向中原俯首称臣，因而西行大军并未受到太大的阻碍。由于当时已经国力渐衰的龟兹国仍要坚持抵抗，致使中原西行大军以武力攻破龟兹，劫掠了罗什法师，并一举统一了西域。吕光西征历时两年零三个月，行程万里，降服西域36国，掳掠奇珍异宝无数。在那个群雄并起的乱世年代，由中原而至西域的商旅活动日渐稀疏，政治、经济、文化往来濒于断绝。吕光从军事上又一次打通了从内地到西亚的交通要塞，丝绸之路得以复兴，商贸交流也日益频繁起来。”

“386年，中国历史上有名的‘淝水之战’爆发，秦国战败，符坚被部将姚苌杀死，秦国宣告灭亡，姚苌称帝登基，史称‘后秦’。吕光的大军行进到凉州（武威）时，淝水战败的消息传来，吕光抢地为王，国号为凉，定都姑臧（今武威市），自己当上了皇帝，史称后凉。鸠摩罗什法师便跟随吕光在武威住下来，讲经说法，学习汉语，翻译了大量的佛经，在河西地区传播大乘佛教，到后凉灭亡为止，他在武威共度过了17个春秋。”理智法师洋洋洒洒地给我们讲了很多关于鸠摩罗什的传说和故事，这是我听到的关于武威历史上最生动和别致的一些故事，虽然就人性和政治而言罗什法师东行是一次极其荒唐的历史事件，但它告诉我们其实河西走廊的兴衰跟政治有着最直接的关系，剑拔弩张的战乱转瞬即逝，在历史中沉淀的只有文化。如今，佛教对武威的影响仍然很大，几个来自邻近村庄的义务工人说：“我们都是自愿义务来修寺庙的，不收一分报酬，为了给自己积功德嘛！”

武威夜市虽然不如敦煌夜市和嘉峪关夜市规模那么大，但也有一些当地特色的好东西，所以也值得一逛。

“武威在历史上不仅是一个打打杀杀的战场，其实到明清时武威的军事作用已不像汉代那样重要，但在文化上的重要性却更强了。”武威市博物馆副馆长梁继红今年35岁，是个典型的武威人，在武威文庙挂满匾额的大殿前她说：“比如这座文庙，就是明正统二年，兵部右士郎徐希驻守在武威时修建的。当时他觉得这里的教育不受重视，便向明英宗朱起正提出要在这里恢复文庙，建设礼学院，让军队的子女可以在这里接受教育。这里也有道教文化的遗存，比如这个文昌宫就是为了歌颂文昌帝君而修建的。”谈及当地人性格时梁继红笑了，她说武威人的性格就像武威这个名字一样，豪放、粗犷、粗中带细，而且非常朴实，爱与恨都是自然流露出来的。和西北其他少数民族一样，武威人自古擅饮，当地曾经出土了很多新石器时代的酒器。梁继红说：“不是有句谚语吗？凉州人怪不怪，喝酒不吃菜！”我后来也发现，武威人爱喝烈酒，划拳行令的文化也十分丰富。

“武威的气候不是很好，最缺的就是水，人

武威文庙门口卖水果的小摊贩一脸憨笑，给我们留下了深刻的印象

们用的水主要是祁连山的雪融水，八九月雨季的时候气候最好。”梁继红是个武威通，她还给我历数了这里的特产：红祥的红皮大蒜、马阿坝的西瓜、巴放的辣子……

当我离开武威的时候，突然想起历史学家陈国灿教授对武威的形象比喻：河西走廊像一串糖葫芦一样，把四郡串起来了，而武威就是握着糖葫芦的那只手。

焉支古城因驿站消亡而谢幕
延续传统的只剩下马场

西出武威约30公里，即可到达永昌县城，吉普车在国道312线上行驶，视野变得逐渐开阔，残破的长城又零星地出现在公路的右侧。在一个叫水泉堡的村子我们找到一个汉代的烽火台，据传汉朝的时候大将霍去病曾在此处屯兵、练兵，现在这里是一处刚刚熬过沥青的工地，在远处的山坡上用石头砌了“严格要求”几个字，也许这里也曾有军队驻扎。“这段长城是明朝的时候重修的。”一位姓高的农民牵着一匹矮小的马从一段长城上走过时说，他家的院墙就是靠着古老的城墙而建。

据说著名的焉支古城就在此地，一个名叫红山堡的村子附近。在一条从祁连山上引水的水渠旁我向两个农民询问古城的确切位置，他们指着10米之外那条不足两米宽的土墙说，“就在那里！”我简直不敢相信自己的眼睛——曾经极盛一时的焉支古城竟落得这般模样？不幸

追寻河西走廊的历史只能从身边这些残垣断壁中找到蛛丝马迹，如今的河西走廊只剩下一些纯朴的村庄和陈旧的古迹，很多6世纪时的繁盛古城现在只是散落在麦田里的土堆，焉支古城就是其中被遗忘的一个。

失落的河西道

在河西道上有不少像永泰古城这样原始的村寨，民风淳朴，令人乐不思归

的是，事实如此。

在焉支山下的草场上放羊是49岁的村民李世雄的日常工作，这个工作他至少已经干了20年。李世雄的爷爷曾给他讲过很多焉支城的传说，他自己也关注着这个城变迁之后的事情。“这个城建于晋代，原来这个城面积很大，大概有6700平方米左右，那时候城墙很完整，新中国成立后才逐渐荒废、破败了。（20世纪）50年代政府要在这儿修建一个农场，所以把土地征走了，还把城里寺庙中的房梁拆下去盖农场。”

顺着他手指的方向，我看到一段不大高的土堆。“这个城最多的时候住过300多人，那时候有高两丈的土制城墙。”他说着带我去看深埋在草丛里的水渠，“从前焉支城里住着很多回族人，这样的水渠是专供他们使用的，而现在村子里的水渠则是1977年修建的。前面柳树下面的是无量寿殿，我小时候还在那里玩过，当时墙上画的花草比现在的好，在无量寿殿旁边的是观音阁和娘娘庙。”

很难想象一座城市消亡的过程，在李世雄的描述和回忆中时空变幻，我似乎看到他103岁的爷爷当年在热闹的庙会中买风车的情景。“现存的一段城墙是给当时120位士兵居住的校场。”为什么会在这样偏僻的地方建一座城呢？他说：

两个看上去只有六七岁大的小女孩儿居然已经是景泰小学的学生了

永泰小学的民办教师和她的一对双胞胎儿子

失落的河西道

“也许为了交通的方便吧，从永昌到这里共有80里路，正好是当时人们一天的驿程，再下一站就是山丹了。”其实后来由于河西走廊在明清时候逐渐安定，所有沿途的驿站已逐渐失去军事上的重要性，所以城里的居民大都开始外迁，直到解放前，大部分居民已迁移至离公路较近的村庄中去了，焉支古城也就慢慢地变成回忆。

李世雄坚持不让我们送他回草场，他沿着一条土石小路孤独而缓慢地走了回去，去照看他的羊群，我看到他的目光和脚步紧贴着土地，仿佛在古城中寻找着过去。今天的河西走廊有如一场洪水过后的景象，所有的历史都被冲刷得很干净，消失的古城从人们的记忆中蒸发，如今这里的人想的是怎样生活得更好。然而有些源自于汉代的传统仍在这片土地上延续，就好像深藏在祁连山脚下的山丹军马场。

山丹军马场如今是世界上最大的天然马场之一，在祁连山北麓一片2500多平方公里的草滩上，共有4个马场，这片草滩水丰草美，自汉武帝令霍去病将盘踞在这一带的匈奴赶出去之后，这里就一直是饲养军马的国家马场。不过4个马场之中，只有军马一场的所有草滩还在养马，其余的几个军马场为了经济效益，已经多改为耕地了。

军马一场是一片起伏和缓的草原，有大约几百头牛羊被散养在山坡上。在马场东南约4公里处有一个西大河水库，它供应着金昌、永昌和山丹地区大部分居民的饮用水。周围是大面积的高山牧场，马牛成群，远处是祁连山几百里的雪峰。一位多年致力于田野调查的同来者说："西大河及军马一场附近的窟窿峡近年来已辟为旅游景点，城里的人都开着汽车来度假，马场的牧马人顺势准备了军马供游人骑乘，这也是一种变通经营的方法。"我看到在峡谷里的草地上支着很多颜色鲜艳的帐篷，几辆可乘50人左右的大客车停在附近。

"现在的军马场仍在为我国的军队提供军马，去年甘南地区从这里买走了几匹马，好的马可以卖到五六千元一匹，山丹马可是一个有2000多年历史的优良品种。"一位姓高的军人在这里已经养了十几年马，军马场现在共有两万多名职工和家属，他们住在距马场几公里的一个由6层楼房组成的居住区里。在马圈里我看到了一群穿白色工作服的军人正在给马做人工授精，其中一人说："现在我们正在实验让山丹马和阿拉伯马进行杂交，争取诞生一个新品种，我们会叫它'阿丹马'。"

山丹马个头并不大，但非常适合长途跋涉使用，这也许是它自汉朝以来一直充军的原因。傍晚时分，一个很大的马圈栅栏门被打开，一群至少有50匹的山丹马奔腾而出，尘土飞扬。眼前的一切仿佛当年战争的活证据，除军马之外，余下的证据也许只有那曾经雄伟而今倾颓的万里长城了。

残破的秃土长城之南
多民族共生的文化依稀尚存

在山丹县城东20公里处，国道312线旁，有一段在整个河西走廊保存最完整的明长城，这些黄土夯筑的长城历经四百年风雨，仍然巍然屹立。36岁的陈准在这段长城旁边花了4万

在景泰县永泰古城小学门口，放了学的孩子们正玩得不亦乐乎

张掖丹霞地质公园里龟裂的大地

在丹霞地质公园的附近常常可以看到周围村子的放羊女，她们看上去十七八岁，不过都已经嫁人了

失落的河西道

元买了一块 2400 平方米的地，用了两三万元修了水电，又花了一万元修了一圈儿院墙，准备把这里建成一个汽车旅馆。去年他在路边还经营了一个餐馆，由于客人太少，不得不盘了出去。“我本来是学医出身，后来爱上了摄影，第一次到山丹我就被这里古老的气氛深深吸引，决定在这里建一个‘城堡’。”他指着不远处一个用土堆成的房子说：“那里是明代的兵营，我本来想把它改成一个旅馆，不通电，让游客们都点着煤油灯和蜡烛，让他们体验一下当年驻守边关士兵的生活。”陈准像是一个现代拓荒者，只不过他不是开拓荒地，而是要在传统的迷失中重塑河西当年兴盛时的一个片断。

“每天夕阳西下的时候，我都会坐在院子里体验这生命中宁静的一刻，所有挨过的辛苦都在此刻随风而去了，为了这一刻我牺牲了很多，但我觉得值！”陈准坐在低矮的葡萄架下感叹着。

还依稀可见当年丝绸之路风貌的驿站也许只有峡口村了，峡口村就在山丹明长城近旁，从高速公路下路堤再向北几公里就到了村口，这是一个被称为城门口的古城门，透过城门望过去是一条约有 20 米宽的土路，路两旁是村民的房子，在路的中间有一些水窖，也可称为水井。村民们的饮用水大多采自地下。朝阳的光线透过城门射进来，一个村民牵着两头驴从门洞中走过。今年 70 岁的村民戴学检说：“我家的墙里还嵌着两块碑，上面还刻着字，好像是乾隆什么的。”

其实在汉朝，峡口村就已经是丝绸之路上的重要驿站了，因为从这里出城的路要通过一条低矮的峡谷，而后到达一个叫绣花庙的地方，所以这个村子就被称为“峡口”。“原来这个村子街道两旁都是大车店和小饭馆，这里的常

三个少数民族和两种宗教就这样在祁连山下和谐共存，而就在不远处的“金张掖”，也是“半城芦苇半城庙”，悄悄延续着中西方文化的血脉交融。

客是信使、客商和军队，从峡口出发四十里到达下一站新河驿，峡口的上一站就是绣花庙。”戴学检还说，1958年才有外人搬到这里居住，那时候国道312线还没有修好。如今虽然有了高等级公路，很多村民还是习惯走丝路古驿道外出办事。在村子的中央有一个保存还算完好的过街楼，听说马步芳的军队曾从这里经过。峡口毕竟处于军事上的重要位置，很多民居仍是依靠北方匈奴长城而建。

在中原王朝与外族长达千年的拉锯战中，各种文化的冲突和发展在河西走廊上凸显出来。从山丹县城往西南，在肃南裕固族自治县马蹄乡海拔5027米的祁连山脚下，就至少并存着4种以上的文化聚落。

从山门到山谷的尽头只有5公里长，竟然有一座汉传佛教寺院千佛洞和一座藏传佛教寺院马蹄寺及大面积的石窟。这里生活着一个古老的民族——裕固族，而在祁连山脚下的开阔河谷中，还散落着很多藏式和蒙古式的帐篷，裕固人的生活习惯与藏族十分相近。

马蹄寺是一所藏传佛教寺院，现在只有12位僧人。据传马蹄寺石窟是由东晋时河西大学士郭羽主持开凿，开凿的年代大约和郭煌莫高窟同期。以前，只作为郭羽的隐居、讲学之地，后经改造，打通岩穴，置有塑像，才成为寺庙和石窟群，现存石窟70余孔。历史上，三世和五世达赖喇嘛曾亲临此寺朝拜参谒；清代康熙皇帝曾赐“青莲筏”三字匾及金镶紫檀塔。乾隆皇帝又赐马鞍一具、龙袍一件。

马蹄殿由于年久失修已渐荒废，现在被文物保护部门封了起来，禁止香客和游人入内。透过3米多高的铁栅栏可以看到大殿，那是一个有环状通道的大厅，依山势掘洞而建，里面依稀有一些被粉饰过的佛像。有一些燕子从大殿飞进飞出，据一位僧人讲，它们在佛像后面的岩穴中筑巢。

汉传佛教千佛洞位于进山门之路的右侧，是一片开凿在山体东面的石窟群。山体表面自然

一双老人的手，可能就是一条路的沧桑缩影

嘉峪关美食一条街上开饭馆的回族少女

形成的凹凸石坑与人工开凿的石窟相伴，显得十分壮观。这个寺庙始建于北魏时期，47 岁的僧人释道通说：“虽然明清时期千佛洞曾屡次翻修，但现在人来人往的，洞已被毁了不少。”如今这个寺庙中只余下 8 位僧人，现在的住持是 30 岁的理明法师，他曾在上海复旦大学读书，并在江浙一带的寺庙中修行过。

清晨，我在张掖的一个宾馆里醒来，推窗就看到一座古老的木塔耸立在广场上，很多 60 岁左右的老人在集体练剑，还有一些老人在吊嗓子或是练太极拳，成群的燕子从木塔中飞出来。广场的另一边有一面大型的电视墙，正在播放着宣传某种食品的广告，一些卖早点和小商品的摊子都集中在电视墙下面。离广场很近的仿古明清街上，所有临街的商店都是仿明清样式修建，它们主要经营中国传统的绘画、书法和民间手工艺品。由于开发旅游的原因，河西走廊各个城市总是试图恢复历史上某个时代的样子，但是传统在遭受无情的冲击，那些崭新而单薄的古建筑在宣传新式移动电话的巨型广告牌下显得腐朽。

张掖地处河西走廊的最窄处，建于 661 年，

嘉峪关远远看去非常壮观，但是真正走到城楼之下，进入新修的城门，看到那些水泥台阶，怀古的感觉就渐渐淡了

失落的河西道

历来都是兵家必争之地，历史上这个地方水草丰美，农业灌溉比较发达，有“塞上江南”和“金张掖”的美誉，也许因为张掖的自然环境是河西走廊上最优越的，所以这里的人显得很有活力。文物保护工作者王康今年32岁，是个说话慢条斯理、酷爱历史和考古的张掖人，他说有句古诗这样形容张掖，“半城芦苇半城庙，一城山光半城塔影”。那半城芦苇是说张掖的气候和风水好，那半城庙指的就是张掖大佛寺。

这座汉传佛教寺院建筑面积有3万多平方米，建于1638年，属于典型的西夏王朝风格，寺庙中所藏的文物大约有1200多件，而镇寺之宝是600卷的张掖金经和大殿中那尊34米长的泥塑大佛。王康告诉我：“20世纪60年代，有个姓姚的尼姑在大佛寺中修行，她把600卷张掖金经装在9个大经柜中保存，后来又把经书用泥封到藏经殿的墙壁间，这样经书才得以保存下来。到了20世纪70年代，大佛寺重修时才发现了这些经书，其中包括珍贵的‘大明北藏经’。”看着一只正围绕大殿飞翔的燕子他又说：“历朝历代名人对燕子都有很多赞美，这些燕子以佛殿为巢，多少也沾染了一些佛气。不过，它们对古建筑的破坏是很严重的，它们含有大量有机化合物的粪便对木制古建筑会造成损害，我们现在只能用防鸟网来保护这些梁柱。”

一座座史诗中的雄关被抛在身后 西域的神秘渐渐散去

我一路拿着一张并不是十分详细的地图旅行，从张掖再往西，一片在黄沙中若隐若现的土丘吸引了我的注意，那就是黑水国的墓葬群。黑水国是位于内蒙古腹地黑水源头一个古老的少数民族王国，我一边独自在滚烫的黄沙中行进，一边回味着黑水国的传奇——是多么强大

一条古道，有多少英雄或者流寇从这里走过，有人大漠逐鹿，有人路边埋骨，无论际遇如何，最后不过是古道一页

嘉峪关旁有个"长城第一墩"，夜色中它显得颇为神秘

的一股力量，能让这个王国的子民放弃自己的家园，跋涉1000多公里来到河西定居，最终埋葬于此？无从得知。但是，看脚下这片面积很大的墓葬群，被整齐而巨大的砖块封存，确实很能激起人的探究欲。在河西走廊上东西往来的交通几乎占据了历史的主导，但显然也有例外，比如黑水国的这次南北大迁徙。

出黑水国不久，司机杨师傅说："一会儿我们就要'出国'了，不知那时候要不要护照。"我知道他说的是嘉峪关。在这个风沙满天的黄昏，我们来到了嘉峪关的城墙下，在无尽的戈壁滩中它显得格外苍茫。这里曾是明朝的边关重镇，是明朝在统治上趋于保守的象征。嘉峪关关城面积很大，如今的城墙都是近几年重修的，城里能避风沙的地方还好，在嘉峪关城外有一段5年前新修的城墙，但现在已残破如同汉代长城一般。现在嘉峪关已经是甘肃省最有名的旅游胜地之一，我们进城时，看见一些工人在城墙上干活，他们是在为城墙安装霓虹灯。

嘉峪关的南面有一段明代长城的遗迹，据考证是万里长城的起始点。这里与兰新铁路相邻，长城在一个约100米深的峡谷顶端开始修筑，这道峡谷宽约150米，谷中一条小河在石滩上缓缓流过。在这里，汉朝的驿道、明代的边境和现代的铁路交织在一起。

在玉门关加油的时候，我遇到了3个来自山东聊城的司机，他们此行是要把18辆农用卡车从山东运往乌鲁木齐，途中车出故障，正在这里修车。"我们已经跑了4天了，在各个地方都经常被罚款。"我问他们一辆车能卖多少钱，他们说也就八九千元，其中一位姓马的司机干这个工作已经干了 3 年，他说，要不是车坏了，他 4 天就能把车送到乌鲁木齐。这一次，他们出山东聊城经郑州、西安、兰州、嘉峪关来到这里，然后就要沿着古老的丝绸之路把车送到新疆去。很快，车修好了。眼看着他们穿过汉朝的最后一道关口——玉门关向西域进发，不由心中慨叹：这也许是趋于失落的河西走廊最具活力的一面了。

自从宋代海上丝绸之路兴盛以来，中国与西域各国乃至欧洲、非洲各地的经济往来就渐渐淡忘了西域，而是从东部港口城市出发，经东亚、南亚抵欧洲。元朝时马可波罗来中国时走过河西走廊，在返乡的时候也选择了海运。这以后直到明清两代，河西走廊彻底失去了往日军事和经济的意义，沦落为被皇帝遗忘的苍茫边关。

身在紫禁城中的康熙皇帝曾做过这样的一个梦：他梦见在茫茫的沙漠中有一个绿洲，一条河从中流过，河两边有两棵参天大树，他认为这是上苍赐给他的边城重镇，于是他派人四处寻找，终于在河西走廊上的安西桥湾找到了这样的地方——桥湾刚好有一条河流过，这条河名叫疏勒河，在河的两边有两棵高大的胡杨树。康熙皇帝于是下令陈银山到那里修建一座城池，但贪官陈银山却贪污建城的款项，康熙皇帝大怒，下令把他和他的两个儿子斩首，并用他的头盖骨做成人头碗，用他两个儿子的皮制成人皮鼓，以警示后人。现在这些东西就存放在桥湾的博物馆中。

在博物馆中还有一具 1983 年出土的干尸，这具干尸是 300 多年前桥湾永宁寺里的一位道士。奇异的是，干尸面目如生，可以看出他临死时非常痛苦，喉咙处有一个深深的伤口，仿佛是箭伤。由于此地十分干燥，所以干尸保存得很完好，他生前的身高应该有 1.8 米左右，死后则不到 1.6 米了。道士的死因至今成谜，这座桥湾古城现在也只剩下残垣断壁，不过它仍然是河西走廊上仅存的清代古城，每个寻访河西历史的人都会在此驻足一观。

新修的嘉峪关城墙

当壁画的色彩被岁月一点点剥蚀 西域的图腾符号也日趋黯淡

安西古称“瓜洲”，以盛产西瓜而得名，是唐代河西走廊上的军事重镇，距安西县城 86 公里处有一处汉唐古城遗址，这就是锁阳城。关于锁阳城名字的来历曾众说纷纭：锁阳城原名“苦峪城”，唐代名将薛仁贵奉命西征，被困于此，外无援兵内无粮草之际，士兵靠掘食城内外遍地生长的锁阳根茎为生，才得以坚持到援军到来。为此薛仁贵改苦峪城为锁阳城。

不管这个说法是否可靠，现在的安西古城也只不过是一个遗址。仅存的城垣为长方形，由东西两部分组成一个“日”字形，东城小，西城大。东西总长为 565 米，南北只有 468 米宽。城墙为夯土砌筑，底宽 75 米、顶宽 46 米、高 10 米。据说东城是当年驻军将领及其家属的住所，西城则为士兵所住。城墙的西北角有一高约 18 米的“角墩”，角墩上有拱形门洞，东西贯通，大概是守城士兵巡行及站岗之用。

唐玄奘西天取经的故事也与锁阳城有关，据《大慈恩寺三藏法师传》记载：玄奘于唐贞观三十九年十月间自长安辗转到了锁阳城，当时碍于朝廷封关禁令无法北出玉门关，后来在一位胡人向导的帮助下，在玉门关上游 5 公里的地方夜渡葫芦河，才得以绕过玉门关，历经千

失落的河西道

黄河石林中，经常看到入关或出关的人，骑着马，在黄沙漫天中缓行

敦煌附近的三危山里，现代人照电视剧形象做出的西游记雕塑

难万险最终到了印度。安西县的榆林窟、东千佛洞有 6 幅玄奘取经图的壁画，也记载了这个故事。

说到西域丝绸之路的图腾符号——壁画，就不能不提及安西县的榆林窟，这里集中了中唐及西夏时期的壁画和佛教造像，我们驱车在一个满天风沙的傍晚来到榆林窟，这是一个狭长的河谷，开凿的石窟连起来共有 500 多米长。比起游人趋之若鹜的敦煌莫高窟来，榆林窟壁画保存得相对完整。我们观赏了最精彩的第三窟，里面的壁画非常雄伟，是一幅西夏时期的水墨山水画。唐朝时，水墨山水画一时兴起，与大唐交好的西域诸国也纷纷效仿，后来颇具艺术创造力的西夏国民将这种时尚做了改变，所以榆林窟的水墨山水画自有其独到之处。另外，在第 25 窟还有几幅描绘西夏人生活场景的壁画，如酿酒图、舂米图等都具有很高的研究价值。1941 年，著名画家张大千先生遍游敦煌以后，他认为最好的壁画在榆林窟。

22 岁的讲解员张程龙刚毕业就主动来到榆林窟工作，住在靠近河边的宿舍里。他说敦煌研究院招收讲解员年龄卡得很紧，都在 18 ~ 20 岁之间，这是怕他们结婚生子以后就不安心待在这么荒凉寂静的环境里苦熬了。张程龙却信心满满，“我再干个六七年不成问题，当初选择来这里就是因为我对石窟十分狂热，更喜欢这里的环境，完全不觉得寂寞。”张程龙还告诉我，他们一共只有 20 多个人，但部门很齐全，甚至还有一个小气象站。他指着石窟之外的一条河说：“冬天这条河里结冰很厚，去年遭遇了一次冰凌，除夕那天我们还在挖冰呢。”实际上，去年从大年二十八开始河面上的冰就结了 80 厘米厚。除夕早上天刚蒙蒙亮，他们光着脚跑进被冰封了的厨房拿餐具，在厨房柜子的抽屉里发现一只冻僵的老鼠，出于恻隐之心他们把它救出来，但是不一会儿它就咽气了。也就 20 多分钟，等大家把东西搬出来的时候，脚都冻成白颜色，一点儿知觉都没有了。

冬天大雪，夏天又发洪水，张程龙回忆说：去年夏天曾经发生过一次 90 年以来最大的洪水，一楼进水 1.7 米，来势凶猛，桌子、板凳都是从下游水库里捡回来的。比雨雪更无情的是资金短缺的现状，榆林窟位置偏离城市，经常无人问津，更没有能力进行文物保护，虽然偶尔也有一些慈善家做一些投资，但毕竟是杯水车薪，所以榆林窟一直面临着巨大的隐患。

告别了这些孤独守望的人们，我们在那条尘土飞扬的道路上继续前行，漫天黄沙中我隐约看见一队商旅骑着马走过，其实现在这里已经很少有人经过了。不似千年前的丝绸之路，只要是过往的驼队，都要找一座石窟求神拜佛以保平安。所以，榆林窟当时香火鼎盛，敦煌莫高窟更是被顶礼膜拜。

敦煌可以说是目前河西道上最具机遇和生气的城市了。正像它的名字描述的那样。在古汉语里，“敦”是大的意思，“煌”是繁盛的意思。乾隆皇帝亲自给这个清朝以前一直称为“沙洲”的地方重命名为“敦煌”，足见其重视之心，而这个名字所象征的一切今天仍然延续着。

实在出乎我的意料，这个被围困在沙漠中的城市竟是如此繁华，街道两旁布满了各种风味的餐馆，从东北饺子到广东粤菜，从四川火锅到兰州拉面，真可谓应有尽有。大多数情况下，从一个地方的饮食大概可以猜出这里住着什么样的人，但敦煌却不好猜，因为它是个多元的移民城市，极大包容，也给所有人同等的机会。

在朋友的极力推荐下，晚上我去了敦煌最大的夜市，坐在露天的桌子旁吃羊肉串和烤饼。那个卖烤羊肉串的老板姓张，羊肉串五毛钱一串，份量十足。他是从兰州郊区来到敦煌打工的，一待就是 10 年。问他现在生活怎么样，他说：“租房住呢，和一个当地女人结的婚，孩子现在上幼儿园大班呢，还不错！冬天能在小棚子里做生意，暖和！”老张以前是农民，现在做起了生意还算得心应手，他说这是因为敦煌人性格好，老实，而且文化水平高的人特多。现在敦煌有 13 万人，城里最大的活动就是在端午节去莫高窟朝拜，每逢那时莫高窟的门票对本地人只收 5 元，十分人性化。

从受欢迎的程度上说，榆林窟的确不能与莫高窟同日而语，不过，大量的游客带来的除了巨额的门票收入，还有对壁画的毁灭性破坏。众所周知，人呼出的二氧化碳如果大量聚集，就会让壁画褪色、起鼓和开裂，最终剥蚀。虽然现在莫高窟已经有意控制人数，但它的毁坏速度仍然远远超过了榆林窟。这千年不断的香火已经成了鸡肋，壁画保护前景令人堪忧。

在敦煌城里，还保留着一片沙洲故城的遗址，我在一群孩子的带领下来到一些残破的土墙下。这群孩子经常在这片故城中玩，他们说这里有一

敦煌莫高窟外墙壁画

种马蛇，很毒，被咬了要到日本去治，但他们却不怕，还经常在这里捉蛇。我们现在看到的故城是乾隆时期修筑的。其实早在有史料记载之前，这个地方就居住着羌、月氏等少数民族。到了秦汉时期，匈奴变得非常强大，占领了西北地区的广大土地，形成了与汉王朝对立的局势，终于在公元前121年，汉王朝打败了匈奴。公元前111年正式设立敦煌郡，到今天已经有2125年的历史了。现在这些古迹已成为孩子们玩乐的地点，虽然还残留有一些当时的军事设施，比如玉门关与阳关之间的那五十华里的汉长城，可对孩子们来说，那不过是几段低矮的，掺杂着草梗的土墙罢了。

在敦煌研究院，我拜访了60岁的女院长樊锦诗。她的身世很有意思，杭州出生，上海长大，北京上大学，然后到敦煌来工作。河西走廊其实有很多这样的故事。她推荐我们一定要去看一下与莫高窟遥遥相对的三危山，她说："三危山这个名字比莫高窟要古老的多，《山海经》里面都记载着在舜跟禹的时期，这里生活着三苗等民族。夏天的大雨过后，三危山山体上的云母等矿物质就开始反

射光线，上方的天空就会染成一片血红，所以也有人说玄奘西行时遇到的火焰山不应该是新疆吐鲁番那座，而是这座三危山。”

受了院长的鼓舞，我们把车开进了三危山干枯的山谷。果然如她所说，这山谷两边尽是寸草不生的岩石。远远地，看见在黄沙中有一个佛像模样的影子立在荒山中，神秘而高大，和四周荒凉单调的景物融为一体。据说那是敦煌的一位企业家在这里修的铜佛，有20米高。也许，莫高窟中那些精美的石刻佛像比起铜佛来说太脆弱了，难以承受岁月的洗礼，可是铜佛又怎能代表河西的文化源流呢？三危山上有一间老君观，观中如今只剩下一位道姑独自修行，还有一些虔诚的村民依傍于周围不愿离去。

“在这个佛教集大成之地怎么会有一间道观呢？”我问樊院长，她笑了，“敦煌这地方很独特，印度文明、中国文明、希腊文明和伊斯兰文明都在这里混血，所以从藏经洞里发现过各种教派的经文，几种宗教在这里汇集。佛教刚传入中国时就是依附于道教而生存的，因为佛教世界是需要在现实生活中寻找元素的。敦煌壁画对研究历史很重要，这里面充分展示了那时音乐、医药、科技、建筑、舞蹈等文化交流的真实内容。”

河西道的尽头
孤零零立着一个奇迹——雅丹

一个空气纯净的清晨，我们出发前往“雅丹”，这个名字是对一种独特的风蚀地貌的统称，甘肃境内的“雅丹”有600多平方公里。在前往“雅丹”的路上我们在玉门关停留了一会儿，漫漫戈壁上只有这里水草丰茂，疏勒河河滩中有一大片生长着芦苇的湿地，难怪历朝历代都要在这里屯兵。有一户农民住在玉门关的遗址旁，他们夫妇两口人养了400头羊，这里的地比较便宜，所以他们住在这里。我们到时，他们正把羊放出羊圈。

敦煌鸣沙山

失落的河西道

乌鞘岭一段残破的明长城，依稀还能看出蜿蜒的形状

“有水草才建关隘，这个‘草湖’水草好，古时候特别适合养马。”老张今年50岁了，他的两个娃娃在敦煌上学。这里正在修一条通向“雅丹”的公路，因为政府准备把戈壁滩变成地质公园。“雅丹”的形成有一个漫长的历史阶段，这里原来是罗布泊的湖底，地质发生变化后，罗布泊开始萎缩，持续干旱，又经雨水冲刷，形成条状及各种其他形状。

吉普车在黄沙中飞驰了两个小时，看到有一排新修的木板房子，管理这里的5个工作人员就住在一个很凉快的窑洞里，洞是他们自己挖的。有趣的是，他们正躲在洞里看一部美国枪战片，他们用的电是太阳能发电的。在窑洞的旁边有两个蒙古包，据说这两户人家是自愿搬到这没有人烟的戈壁来的，也不知为了什么，在这里我们还吃到了羊肉，真难得。向导说在这片雅丹的腹地还有很多淘金的人，其中少部分人来了就没能回去。

很想去看看那片会吞噬生命的戈壁，便壮起胆开车去找淘金人的墓地。干干的地表被直射的阳光照得滚烫，我下车独自往前走，看到这片沙漠的表层有一层大小十分均匀的黑色石子，那是在几千年的风刮过之后戈壁留下的唯一东西。我走着走着，渐渐放弃了寻找。突然想起，向导告诉过我“雅丹”的意思，那是维吾尔语，意思是“失落的土丘”。当洗劫历史的风刮过之后，一切都没有剩下，而我始终记着的是司机杨根录在从兰州到敦煌的路上经常会发出的那句慨叹：“每次开车路过这里，看见窗外的山我都想哭，这里真的太荒了。”

浪漫双行线

撰文 / **马明**

虽然这个冬天格外寒冷，但情人节适逢春节长假，双节相聚的热度足以抵御久违的严寒。还要窝在城市里玩儿“吃饭、逛街、看电影”的老三样儿吗？城市周边越来越发达的旅游公路网怎不让你跃跃欲试？携手你的他（她），带上一颗浪漫的心，出发吧！看看本书为你精心设计的 8 条“浪漫双行线”是否能制造足够的惊喜？

国道301线【193公里】

哈尔滨→阿城→平山→尚志→亚布力

推荐理由：如果想在中国找一个类似北欧拉普兰地区的冰雪童话王国，那恐怕就只有亚布力了。原来亚布力滑雪场与北京周边的万龙、多乐美地、南山等雪场也没有本质的不同，但自从Club Med进驻之后，一价全包的滑雪度假套餐为追求浪漫的情侣们带来了一种冰火共浴的极致体验。

甜蜜指数：★★★★

"幸福大道"上的双人滑雪课

整个亚布力滑雪场处于群山环抱之中，放眼望去，群山峰峦起伏，林木莽莽苍苍，风景十分壮观。目前，亚布力滑雪场由具有国际标准的高山竞技滑雪区和旅游滑雪区两大部分组成。高山竞技滑雪部分主要为国际级竞技赛事以及国家滑雪运动员训练所建，有9条高山滑雪道，7条越野滑雪，6条滑雪缆车和花样跳台，90米级高山跳台等，非寻常人等所能企及。而位于三锅盔的大型旅游滑雪场则是滑雪爱好者的乐园。这里拥有11条高、中、初级滑雪道，总长度30公里，其中的4号雪道是亚洲最长的高山易滑道，8、9、10号为高级道，11号为初级道……此外，这里还有一条5公里长的环形越野滑道，2公里长的全垫式气垫船、雪地草地摩托及雪橇专用道，以及由德国引进的全长2680米，有48个弯道的四季全天候旱地雪橇不锈钢滑道……可谓集技巧性与娱乐性于一身，可以很好地满足各个层级的非专业滑雪发烧友从寻求刺激，挑战自我到享受雪山飞驰，兼顾娱乐趣味的不同要求。对于大多数人来说，6、8、11号道非常适用于做基础训练以及技巧的提高，想要寻求刺激的话，那就不妨去挑战一下9、10号雪道。

情侣一起来亚布力，通常都会选择有"幸福大道"之称的6号中级雪道。为什么有这个说法呢？听万语千言不如亲

自一试。这条雪道的道面极为宽阔，坡度变化适中，又足够长，两人可以并肩而行，从山顶沿着开阔的滑道徐徐下降，既有充分的时间去感受路边百年老树如电影慢镜头一样向后掠过，还可以不断变换速度，时而含情对视一下，时而双双如雪燕飞过。滑雪高手会说，自己好像是这雪山的驾驭者，俯冲，飞驰，遐想……而情侣来此想驾驭的却不是雪山而是幸福，能在小小的速度与激情中增进彼此的新鲜感，是一种幸福的升华。如果是多年的平淡夫妻来体验一回，想来也可以找回失落的爱意。所以，Club Med 在这条雪道上特设的双人滑雪课匠心独运，让人抛开一切烦乱，细细体味互相依赖互相信任的熟悉感觉。

“童话城堡”里的冰火浪漫曲

很多人冬天喜欢去海边，因为除了阳光、沙滩还可以感受水的滋润，不过那种对比不强烈，暖暖的天，暖暖的水，不如在温暖如春的“童话城堡”里互相依偎着看漫天冰雪，或者一起去洗个芬兰式的蒸汽浴，把一身的疲惫蒸出去，然后一脚踏进冰雪里，双双感受一下“冰火两重天”的刺激。

Club Med 由几栋加拿大风格的低层建筑围成了一个独立的小村落，在满山的白雪映衬之下分外惹眼。这种一价全包式的度假村在国内还不是非常多，Club Med 盛名之下吸引了众多崇尚欧式生活的雪友前来，不过据说比起国外的 Club Med 来说，亚布力的这间度假村稍嫌逊色，主要是餐单比较单一，一日三餐均为自助，菜色的变化不大。不过，度假村

TIPS

Club Med 亚布力度假村两天一晚一价双人全包假期，7000 元。

项目

包括欢迎仪式、当地税以及消费。符合您心仪条件的住宿 Deluxe Room – Triple，套房内享用早餐，餐食包括早餐、午餐、下午茶、小食和晚餐；琳琅满目的自助餐食选择；全日饮品及轻食：畅饮酒吧提供的国际优质饮料，并全天候供应小食；一系列滑雪后的活动选择；滑雪通行证及团体课程（雪具租赁需支付额外费用）；免费使用蒸汽浴；于表演节目中享受热闹节日气氛。

额外收费项目：

◆接送服务仅包含在购买交通内含的全包式假期，否则自理。

◆基于不同的度假村有所改变（雪具租赁需额外支付费用）。

◆因淡旺季区别和入住日期不同，可能要求支付相应费用。

的房间可是一点儿没打折扣，北欧的现代风格是主流，每间房都十分宽敞，而且大部分房间窗外都可以看见山上的雪道，景致那是没得说。

东北地区冬天最受重视的事情就是供暖，谁都知道如果房间不够温暖肯定无法吸引客源，但在 Club Med 就可以忽略这些问题，就连卫生间的地面还贴心地装上了地暖，赤足踏上也不感到凉，所以可以暂且放纵一下，光着脚丫走来走去。

晨起的早课结束，没有力气去健身或休闲了？不如就待在房间里，好好地晒一下冬日暖阳。窗口那张二人沙发，不正是给甜蜜的情侣准备的吗？旅行不是奔波，即使是纯户外的运动，也可以忙里偷闲一下，发发呆，看看雪景，不经意间，轻柔的手指掠过爱人的发际，这一瞬，可能就是永恒。

若说雪景在白天看上去格外单调，那到华灯初上时，雪的苍白便因各种灯光的折射而熠熠华彩了。冬夜本是寂寞的温床，在亚布力却成了夜上华章。劲歌、热舞、魔术秀，人们仿佛一下子从各个角落冒了出来，聚集在大厅里，这是雪季每晚必上演的高潮。当然，不喜欢凑热闹，也可以就在房间里来个烛光晚餐，但要记得这个需要提前预订，尤其是法餐和意大利餐。

绥满高速公路【820公里】
哈尔滨→大庆→齐齐哈尔→呼伦贝尔

推荐理由： 草原上的那达慕盛会人人都知道是在盛夏，因为七八九3个月是草原植被景观最好的季节，可是如果抛开常规的想法，去参加一场在冰天雪地中欢腾的冰雪那达慕，还能与蒙古族汉子一起举行盛大的祭火仪式，这算不算也是一种浪漫豪情？

甜蜜指数： ★★★

银色草原的咏叹，冰雪那达慕

内蒙古呼伦贝尔的冰雪号称是中国留存时间最长、文化内涵最丰富的自然冰雪，当地有长达 7 个月的冰雪期，满山遍野的冰雪自然景观和北方少数民族的冰雪文化相辅相成。隆重热闹的冰雪那达慕盛会令游客游过难忘。

夏季的那达慕大会可能会热闹上个半个月，谁能想到，这冬季的冰雪那达慕竟然会持续将近 4 个月。在呼伦贝尔陈巴尔虎旗的巴彦哈达苏木，很多牧民从 12 月初就开始了紧张的训练。对他们来说，能在冬季那达慕上一展身手，比养了多少头好牛羊更重要。“那达慕没少参加，但这次竞争肯定更激烈，而且是在家乡比赛，我得把咱巴尔虎牧民的实力展示出来。”牧民巴嘎德尔已经练了一个多月赛马和叼羊，他身边的兄弟们也都是个个摩拳擦掌。而在那达慕的现场，场面异常宏大，运雪的装载机、卡车往来穿梭，一座座风情浓郁的雪雕、雪屋在蓝天下显得

格外晶莹而且赏心悦目。“这些天，不时有牧民过来看场地，问情况，对那达慕的事儿特别上心”，现场的两名正在紧张雕刻雪雕的工人很有感触。

陈巴尔虎旗位于绥满高速公路的呼伦贝尔段。绥芬河至满洲里高速公路起点为黑龙江省绥芬河口岸，终点为内蒙古自治区满洲里口岸，全长1520公里。陈巴尔虎旗自从2007年被命名为“中国那达慕文化之乡”后，一直大力发展冬季那达慕，已经形成了“银色草原风情”的一大特色。同时，此地也吸引了大量度假的情侣前来。试想，在一片银白色的草原上，天地无垠，仿佛只剩下彼此，只有一堆篝火相伴，如同内心澎湃的情感，相信此时即使是再纷扰的爱情也只剩下了纯净。

牧民与游客的双重推动，将冰雪那达慕推向了一个前所未有的高潮。前来度假的情侣们可以好好感受这种将冬季的冰雪与独特的民俗巧妙结合的最炫玩法。可观看赛马、雪地博克、射箭等各项比赛，参与传统的民族祭拜火神、祭敖包、祭苏鲁锭和走访牧户活动，欣赏长调、呼麦、马头琴、民族

TIPS

呼伦贝尔其他冰雪玩法

◆扎兰屯塞外雪景：在内蒙古，扎兰屯以秀丽的风光和历史悠久的文化底蕴著称。这里是历代北方少数民族游猎栖息之地，成吉思汗曾在此屯兵扎寨，金长城横贯南北。冬季的扎兰屯既有大兴安岭的磅礴气势，又不乏江南水乡的秀美，浓缩了内蒙古冬景之精华。在金龙山滑雪节上，游客还可体验高山观光、雪场摄影、滑雪、雪圈、雪地摩托、狗拉爬犁及雪地飞碟、雪地拔河、雪地自行车等户外冰雪项目。

呼伦贝尔冬季出行指南

◆自驾：北方许多地方冬季路面积雪结冰，轮胎易打滑，因此要备轮胎防滑链。

◆住宿：呼伦贝尔冬季三星级宾馆的价钱在180元~320元，经济型旅馆只需100元左右。

◆注意事项：

1. 防寒保暖：呼伦贝尔冬季寒冷一定要有羽绒服、羽绒裤、帽子、手套，鞋最好是那种高筒雪地鞋。

2. 相机电池最好有备用电池，因气温低，锂电池受冻放电快，最好给相机穿上棉衣，因为太冷相机快门按下会没有反应。

3. 冬季雪大白茫茫一片有的人可能会感到很刺眼，也不妨戴个墨镜。

4. 在林海雪原，原有的路大多被雪覆盖，在不清楚路况时，不可贸然前行，需找树干当杖探明深浅方前行。若不幸掉进雪坑，千万不能挣扎，因越挣扎掉得越深，应等待救援。

歌舞等表演，更可参加滑雪、滑冰、骑马、马车、骆驼爬犁、布鲁、射箭、冰嘎、雪地摩托、雪地汽车越野等冰雪活动，充分体验冬季陈巴尔虎气势恢宏的场面。据说前年冰雪那达慕着实火了一把——1.15 万匹骏马同时创造了“万马奔腾”的“大世界吉尼斯之最”。每年的呼伦贝尔冬季冰雪那达慕暨巴尔虎草原祭火文化节一般于 12 月初在陈巴尔虎旗开幕，将持续到次年 3 月初。

呼伦湖冬捕，感知冰下的丰盈

呼伦湖位于呼伦贝尔市，是内蒙古第一大湖，与贝尔湖为姊妹湖。内蒙古地区冬季寒冷，滴水成冰，内蒙古境内的主要江河湖泊都会冰冻。进入 11 月份，湖水就开始封冻，几千平方公里的湖面，几天的工夫就冻得严严实实。此时，是每年最繁忙的捕捞季节。全年 70% 的捕捞量就是在这天寒地冻的时候完成的。冬季捕鱼场面壮观，拖拉机在冰上行驶，从冰窟窿里拉起百米长的大网，捕上满网的肥鱼，肥壮的鱼儿活蹦乱跳。冰捕节将组织游客观看冰上捕鱼、现场冰上鲜鱼销售拍卖等活动。

呼伦湖烟波浩渺，天水相连，白帆点点，波光粼粼，来这里旅游，不但可以观赏到美丽的景色，还可以品尝到数百种鱼虾做成的美味佳肴。呼伦湖有 8 个著名景区，分别为水上日出、湖天蜃楼、石桩恋马、玉滩淘浪、虎啸呼伦、象山望月、芦荡栖鸟、鸥岛听琴。

呼伦湖冬捕作为满洲里中俄蒙国际冰雪节的一项重要活动，目前已成为呼伦湖一道亮丽的风景。这里一直沿用传统的冰下捕鱼方式，包括“下网”“穿杆”“行网”“出鱼”等程序。引杆、钢索、大网露出水面被一件件拖出冰层的时候，兜网之中的鱼儿，跳动着、拥挤着、翻腾着，一派丰收景象。

花都流连，薰衣草的梦幻王国

春节长假的结束迎来了万物复苏、百花盛开的春季，这个春季，可以去位于广州市花都区花山镇的香草世界，欣赏各种鲜花争奇斗艳，美艳绝伦的姿态。

香草世界园内汇聚世界数十种珍稀品种的薰衣草，有紫色、粉紫色、玫红色、紫蓝色、纯白色等的薰衣草，是全国薰衣草品种最多的种植基地。园区内还有香薰园、玫瑰园、万国蔬果园、婚纱摄影、农家博物馆、儿童手工课堂、美食点心坊、儿童科普教育园、香草食用研究基地等项目，是前往观赏鲜花的不错选择。

清远古巷，纯美的乡村爱情

这个情人节，可以到清远故乡里民俗文化主题公园去过节，赴一场纯美极至的乡村爱情之约，真情绽放。

故乡里保留明清时代岭南乡村特色，青砖白瓦，古朴悠远，寂静深幽，是酝酿纯美爱情的最佳之地。早春二月，正是万物吐蕊、草木青青、百花齐放之时，就连那虫儿都比平时叫得更欢畅，似是多了几分缠绵，柔情在内。

在情人节里，恋人情侣来到故乡里，可以十指相扣，柔情轻绕，漫步在故乡里的古村深巷里，留影于春花烂漫中，缠绵于古桥流水旁，呢喃于茂林修竹中。

珠海—连州高速公路【253公里】

广州→清远→阳山→连州

推荐理由：在喧闹的广州怎样避开闹市的纷扰去过二人世界？只需要逃离城市，往往就在离城市不远的地方，总有曲径通幽处。清远、连州，也许会是平常容易忽略的名字，但却隐藏了独特而且现代的浪漫方式。

甜蜜指数：★★★★

相依相偎在古巷老村中，品尝一碗香浓的豆腐花，重温你喂我一口我喂你一口的浪漫回忆。手持一束棉花糖，嬉闹于小巷深处，玉堂花下。下午时分，慵懒的阳光透过树叶稀疏的挥洒下来时 恋人情侣们可以静静地躺在绿茵草地上，相簇而眠，任微风轻抚青草，任流水穿过山涧，轻轻地闭着眼睛，安祥而静谧，幽深而迷人。

连州地下河，定格爱的时刻

2 月 18 日，连州爱地旅游（旗下有连州地下河、湟川三峡、龙潭度假区、连州大酒店）与同程网将联合推出情人节特别策划——那些年，我们一起游连州地下河。与相爱的人于璀璨星空下，赴一场平行时空下的浪漫约定，编织只属于你和 TA 的永恒回忆。特聘专业摄影师免费为情侣鹊桥留影，定格 1/3600 秒的甜蜜瞬间，更安排游客在山水实景的星空下，相约观赏电影《那些年，我们一起追过的女孩》，共度浪漫情人夜。

花都香草世界情侣套票

情人节香草世界推出情侣套票，团购时间是 2 月 11 日到 2 月 14 日，情侣套票 80 元 /2 人，原价 200 元 /2 人，购情侣套票送香草雪糕 + 情侣面。

渝涪高速公路、涪武高等级公路【200公里以内】

重庆→涪陵→武隆

推荐理由： 到重庆去浪漫？对，你没有听错。这个城市不是只有火锅，以地势起伏大而闻名的重庆周边拥有众多丘陵山地，每一处都有不同的雪中小景。银妆新，曲径通幽，红炉火，情愫暗生。在这种单纯是红与白的气氛渲染中，无疑能让情侣感受到最多的冬日温情。

甜蜜指数： ★★★★

东方瑞士仙女山，冰瀑下邂逅

在重庆找林海雪原？你还是没有听错。素有“东方瑞士”之美誉的仙女山在每年11月底就开始降雪，漫山遍野，银妆素裹，白雪皑皑；传统的雪凇、冰瀑雪景风光令情潮涌动；瑞雪覆盖的莽原与森林，辽阔而圣洁。在满目的洁白和素净中与朋友一道堆雪人、打雪仗；或与恋人在雪花中谱一曲冬日恋歌；或是在12万平方米西南地区最大的高山滑雪场，体验新奇刺激的雪上运动。仙女山拥有高山滑雪场，可同时容纳1200～1500人赏雪、滑雪和玩雪。滑雪比赛、雪上飞碟、马拉雪橇、雪地摩托、滑雪圈、雪原射击、雪地遛马、堆雪人比赛……

仙女山附带的旅游景点有：天坑三桥、天坑地缝、芙蓉洞、芙蓉江、龙水峡等特色旅游景点。值得一提的是位于仙女山半山腰的天坑三桥，2006年张艺谋导游拍摄的《满城尽带黄金甲》唯一外景，就建在天坑内。天坑三桥是国家“4A”级旅游区。这里，山是一座桥，桥是一座山，桥连坑，坑接桥，洞生洞，三山生三桥，是世界上第一大天坑群。

华蓥山的温柔一面，一吻定情

每个人提起距重庆约100公里的华蓥山当然都会想起那些革命先烈。没错，现在这里也是著名的全国红色旅游经典景区、全国爱国主义教育基地。不过，近年来华蓥山已经渐渐成为重庆人一个冬季热门旅游地，而且来的大多还是情侣，缘由就是山上自然形成的一对雕塑，形似正在拥吻的爱侣，春夏秋还不明显，但在冬季却格外夺目。并且华蓥山景区也一直致力于对浪漫主题的打造，每年都会适时推出“华蓥山浪漫冰雪节”。

华蓥山整个景区面积20平方公里，现在游客所能到达的高登峰海拔1704米，是景区最高峰。据《华蓥山志》记载：“雪积颠顶，远望如琼瑶撒地，晶玉铺山，故名华蓥山。”每年12月底至来年2月，华蓥山上飞雪厚积，披覆嶙峋怪石，倍增雄浑气韵；银装素裹，剔透玲珑晶莹，更添妖娆意态。雪花飞舞，如絮如棉。雪中华蓥，白中见绿，绿中托白，雪味浓郁，色彩丰富，晶莹剔透、银光闪烁的冰枝树挂，千奇百怪、造型各异的冰雪世界。如海如潮。最显眼处，便是那对“雪中一吻千年”的人儿，早已化为坚硬巨石的两个相爱之人，身披厚厚飞雪，深情拥吻，在这里屹立了上千年。虽历经风霜严寒，此情不渝。还有什么能比这更感天动地？情人到此怎不动容？最妙的是，从38度角的位置去观看时，两“人”相距有间，深情凝视对方，即将接吻；在40度角观看时，两“人”已双唇紧贴。环视一圈儿，则仿佛爱情电影中的一个慢镜头，缓缓推进，一吻千年。

TIPS

重庆冬季出行指南

◆自驾：仙女山自重庆经渝涪高速公路、涪武高等级公路到达武隆，全程180公里，武隆至仙女山全程28公里。还可以在朝天门乘班车前往武隆，每隔1小时滚动发班，2.5小时左右到武隆。南坪长途汽车站也有班车。另在重庆北站，可乘开往秀山的火车，在武隆火车站下，历时约4小时。武隆汽车站、火车站每天均有发往仙女山的旅游客车。华蓥山从重庆由渝邻高速公路转广安邻高速公路，在83公里处天池站下高速，左转上景区旅游公路16公里，总计约3小时。

◆住宿：目前仙女山景区有3家四星级酒店，3家二星级酒店以及数十家星级农家乐，客房床位接待数在2500个左右。华蓥山相对星级酒店较少，华蓥山大酒店是华蓥市内唯一的四星级酒店，值得特别一提的是特别推出的“游击队套餐”，您可以品尝南瓜汤的香甜、红苕饭的清香和华蓥山野味、野菜的美味。

◆购物：羊角豆腐干、羊角老醋、武隆牛肉干，大脚菌、干笋、土坎晶丝苕粉、老腊肉、板栗、核桃、蕨精粉、苗家情米酒等。值得回味的是仙女山烤羊，江口鱼。盐皮蛋、永寿寺豆腐干、胭脂萝卜是华蓥山土产，还有广安松芽茶叶、渣渣鱼、凉粉锅盔也是那里的特色产品。

杭瑞高速公路徽杭段【350公里】
杭州→黄山→九华山

推荐理由： 古往今来，多少人把黄山当成见证爱情的丰碑，但盛名之下必有重负，在旅游旺季到黄山就是看人头，已经失却了那种仙山灵秀的意境。所幸还有冬景可赏。冬天的黄山雪缀枝头，在江南的山水意趣之中又多了几分童话意味，更得恋人们青睐。天生一个情人谷，更像是为情侣天造地设的一个定情之地。

甜蜜指数： ★★★★★

黄山情人谷 难得的“春色”

说起去黄山，不得不先说一下杭瑞高速公路。这条路从交通意义上说是中国国家高速公路网中一条连接华东、华中和西南的东西横向干线，但从主题意义上说却是一条名副其实的“浪漫之路”。从白娘子的断桥西湖，到象征忠贞的劲松黄山，从谱写传奇恋曲的庐山，到制造童话源泉的张家界，从风花雪月的大理，到邂逅圣地的丽江，从地平线上的香格里拉，到异域风情的瑞丽，无一不动人情致，无一不诱人缠绵，所以这条路可以算得上是真正的“情人公路”了。

黄山的冬天对于大家来说其实一点儿都不陌生。一句“黄山归来不看岳”，已经把这座山写到了极致。雪，黄山的雪景独一无二，雪与松、石、云、泉完美结合。天都峰宛如银装素裹的神女；隔壑相望的莲花峰，如同一朵盛开的雪莲；九龙峰变成了一条蜿蜒腾飞的玉龙，飞舞在云海之上；西海群峰的石林，像一尊尊身着素服的神仙，聚集在峰头之上；冰雪覆盖的狮子林，银峦相拥的玉屏峰，构成了一幅幅动中有静，静中有动的绝妙画图。另有一绝：雾凇、雨凇、冰挂同时出现。所谓“凇”是云雾滴、雨滴在地面物体上的冻结物，由云雾凝结而成的称为雾凇；由雨滴凝结而成的称为雨凇。雾凇、雨凇凝结成钟乳石般的冰挂，挂满树枝，犹如珠帘长垂，风吹树动，冰挂撞击，叮当有声；这时的黄山，犹如天上的广寒宫，海上的珊瑚岛。当然还有云海。黄山冬天的云海比平时更加奇绝壮观。

似乎每座名山都有一个跟情人有关的景点，不知是为了应景还是叫卖，但黄山的情人谷却不是造出来的，而是真正的浪漫所在。情人谷是黄山东海最长的大峡谷，素有“人间瑶池仙境、天下第一丽水、美好情爱圣地、黄山第五绝”之美称。黄山情人谷纵深20公里。谷中群峰竞秀，怪石罗列，翠水长流，古木参天。翡翠谷彩池群大小不同，形状各异，清澈透明；倒映两岸青山，多青碧如玉，也有因池底岩石的颜色而五彩缤纷，池水深浅不一，色彩更富变幻。《卧虎藏龙》的拍摄地就在这里，其中的花镜池是李慕白和玉蛟龙打斗的地方。

结一段佛缘，情定终生

黄山与九华山比邻，同样是四季皆胜景，韵味却不同。九华山的冬季一般从11月中下旬开始，到次年的3月基本结束，积雪日达30多天。而这个时节，皑皑雪峰与山顶、山腰和盘地中的琼楼玉宇交相辉映，一片琉璃世界，北国风光。雪霁天晶，千松雪冠立峰头，万竹掩冰卧壑阴，漫山的冰花玉树珠光宝气令人眼花。冬季的雪景给佛国增添几分妖娆。

九华山清丽脱俗，是大自然造化的精品，有"莲花佛国"之称。境内群峰竞秀，怪石林立，九大主峰如九朵莲花，千姿百态，各具神韵。连绵山峰形成的天然睡佛，成为自然景观与佛教文化有机融合的典范。景区内处处清溪幽潭、飞瀑流泉，构成了一幅幅清新自然的山水画卷。还有云海、日出、雾凇、佛光等自然奇观，气象万千，美不胜收，素有"秀甲江南"之誉。按照当地人的说法，置身佛山，能亲身体验、亲眼看到这些"莲花佛国"奇景的，是要有佛缘的。"妙有分二气，灵山开九华"，天开神奇，造化自然，皖南的神奇山水孕育了灵秀九华。也许有人会说，佛家清净地，怎可与俗世情爱沾边？孰不知大爱本善缘，佛非俗，却不避俗，让人世间多些甜蜜相守，少些孤苦伶仃，也是美好之真谛。

TIPS

黄山冬观云海五大去处

玉屏楼前观南海，清凉台上看北海，排云亭观西海，白鹅岭观东海，光明顶观天海。

看云海的最佳时节是每年的11月至次年的3月，此时由于北方冷空气频频南下，雨雪天气较多，致使山谷底层水汽充沛，雨雪过后极易形成云海，而且凝结的高度一般都在1000米左右。如果遇到晴天，风小，云海稳定，有时能持续长达3天之久。

黄山的冬天出现佛光的频率也很高，佛光又称"宝光"或"祥光"，它虽然只是一种自然光学现象，但是许多游人却认为象征着吉祥如意。

黄山冬季出行指南

◆自驾：全程杭瑞高速公路，从杭州到黄山省170公里，自驾车大约两个半小时可以到达，如果是坐旅游大巴可能要将近4个小时。到黄山风景区所在地汤口镇可以换乘景区车游览。

◆住宿：黄山冬季可供选择的酒店多数都在山下，山上玉屏楼有宾馆可供下榻，因为玉屏索道修好后上山很方便，如果只在黄山住一个晚上，建议住到天海、北海或西海景区，如果在山上住两个晚上，可在北海和天海景区各留宿一晚。

国道214线【370公里】

昆明→大理→剑川→双廊

推荐理由： 大理最美的地方其实就在小小的双廊，这里融下了风花雪月的全景式南诏风情，恰如一首恬静的田园诗歌，一如千百年前的光景，安详而静谧。租一间小屋，在双廊度过一次远离尘世的田园之旅。晨起梳洗罢，端杯茶或咖啡坐在院中石榴树下的躺椅上，洱海烟波飘渺，远处苍山如黛，山海间的玉几岛上炊烟四起，掩映其中的白族人家既有世俗的热闹，又有几分云里雾里的飘摇，让人想起“停车坐爱枫林晚”“白云深处有人家”一样的美好。

甜蜜指数： ★★★★★

徒步风花雪月 新大理情韵

如果还把“苍山洱海”等同于洱海西岸的大理古城，那你就落伍了。以洱海为界，海西的苍山有很棒的徒步线路，海东幽静的小镇和海岛上，则有隐秘奢华的度假村。

因为高海拔的原因，即使在盛夏，苍山也仍然有白雪覆盖，而不会全部被蓊郁的植被覆盖。同样因为高海拔，这里永远日照充足，就像斯诺当年第一次抵达苍山时所见到的：一切是那么辉煌灿烂，比平时见到的还要更加耀眼，不透明的面纱被摘下，和天神靠得这么近，像在清晰的梦境中一样，骄艳的阳光像春风化雨似地恣情地撒落下来。在屋顶剪影的曲线后面，升起更高更宏伟的苍山峰峦的身影，像王室的金银财宝一样在夜幕下闪闪发光。

苍山十九峰，平均海拔在3000米以上，在海拔2600米处，有一条南起马龙峰、北至应乐峰，长约18公里的徒步线路。这条线路穿过十九峰中最重要的几座，和夹峙于它们之间的溪流（十九峰中，每两峰之间都有一条溪水奔泻而下，流入洱海，即十八溪），并穿越不同景观带以及杜鹃王国和野生动物王国，包括珍稀动物“四不像”，是体验苍山的最佳线路。

甜蜜的临时归隐 双廊去偷欢

大理有个双廊，双廊有个喜林苑。喜林苑在喜洲，由一

个古老的白族民居改建而来，除去建筑上尽量恢复当地传统精良设计，酒店更从活动上为人们创造东方式的体验，以供度过真正的悠长假期：体验从田间选择食材到厨房烹调的整个过程的美食之旅；太极课；道教寺庙游览；给当地的孩子上英文课或者讲故事；学习白族洞经音乐和歌舞表演；参观制作板蓝根扎染布艺的家庭作坊；拜访穆斯林村庄；前往佛教圣地鸡足山朝圣；中国传统中草药学的概况和练习；和当地佛教徒学习诵读佛教经文；了解茶叶的种植，采集和制作过程；学习当地工匠制作大理石的工艺；跟随首席厨师研究当地食物和饮食；帮助当地寺庙的修复和重建；到当地医院帮忙……

其实除了喜林苑、赵青的青庐和澜庭别院之类的高档酒店和客栈，人们更喜欢去寻一家有独特风格的小客栈，一个是为了满足自己的探索欲，另一个也不喜欢酒店那种疏离和刻板。再说，以上那些耳熟能详的名字，早已经是人满为患，如果想去感受一下舒适和宁静，只订房一项就要费尽心思了，哪还有度假的心情？

大理的客栈除了青庐所在的玉玑岛，现在又扩展到大建旁村的海湾附近。有一家刚开业一年的老渔港客栈无意中进入了我们的视线。老渔港也只有13间房，但在大建旁村的几十家客栈里房间算多的了。难得的是墙上所有的砖块都是经过双廊的师傅悉心打磨，按照白族的建筑风格贴上去的，每种图案都具有传统的美感，加上现代的钢结构装饰，应该说也是大理白族建筑的一个美丽升华吧。坐在海边吹吹海风，喝一杯主人老杨亲自磨的咖啡，再去尝尝地道的酸汤鱼，也许就会改变一下行程，在“老渔港”度过温暖的2月时光。

大理双廊老渔港客栈

位于双廊镇大建旁村

【电话】13577264232
0872-2461190

国道324线【240公里】

福州→泉州→莆田→厦门

推荐理由： 如果想有一个安静宜人的双人冬日假期，可以考虑去厦门的曾厝垵住上几天。这个靠海的村落里隐藏着许多各具特色的家庭旅馆，而且厦门四季温暖如春，每当夕阳西下，和心爱的人牵手赶海将是再浪漫不过的了；如果运气好，没准能赶上放天灯，那就许个心愿，留在厦门的这片清澈天空。

甜蜜指数： ★★★★★

厦门曾厝垵 永远春暖花开

“城在海上，海在城中”，厦门是一座风姿绰约的“海上花园”。岛、礁、岩、寺、花、木相互映衬，侨乡风情、闽台习俗、海滨美食、异国建筑融为一体，四季如春的气候更为海的魅力锦上添花。风景秀丽，气候宜人，可以说这里是全国环境最好的城市之一。海水环绕、沙滩广阔、阳光和煦，由于生态环境良好，厦门的空气清新，栖息着成千上万的白鹭，形成了厦门独特的自然景观，又因为厦门的地形就像一只白鹭，它因此被人称为“鹭岛”。2月去厦门，来一场小清新的浪漫之旅吧。

曾厝垵社区位于厦门岛东南部，东至白石炮台与黄厝接壤，西至胡里山炮台，南至环岛路与大嶝岛隔海相望，北至御屏山西姑岭，三面环山，一面临海，面积约为6.5平方公里，风景秀丽。曾厝垵社区原来是个临海的村庄，后来一度改为农场，现在又回归到乡村，虽然是渔村，可近年来为了保护海洋环境，打鱼的事儿渐渐少了，人们却越来越多地把目光转移到它的滨海风情上。鼓浪屿固然美，但是老牌风景区终究少了许多新鲜感，于是曾厝垵便在一夜之间火了起来，甚至与乌镇、西塘、凤凰、丽江齐名，被众多时尚杂志列入了“N个浪漫地”之一。

锋哥和谢姐的夫妻客栈——好望角就建在曾厝垵这个原始渔村里。两口子都是本地人，祖辈也都以打鱼为生，但是现在，他们意识到这块土地不仅可以靠海吃饭，也可以利用越来越发达的旅游业做点儿事情。曾厝垵来玩儿的基本都是年轻人，其中又以崇尚时尚的小情侣居多，于是，夫妻俩一商量，就在自家地头建起了这个只有13间客房但却浪漫温馨的客栈。客栈的房间名字非常有意思——“面朝大海”、“春暖花开”……锋哥说，世上的人都不断在为生计奔忙，难得停下来，能圆自己一个逃逸的梦，大概在每个人的梦想里，都有这样一个开满鲜花的地方吧。

好望角只是曾厝垵200多家客栈中的一家，自从这个地方被时尚一族们认可，它便成了又一个阳朔西街，又一个乌镇西栅，人们或自驾、或骑行沿着公路来到这里，走的时候都很放松，也很留恋，大多会与客栈主人相约，明年再来。

好望角客栈

福建省厦门市环岛路曾厝垵11号（佳福园后）

【电话】0592-2352788
【传真】0592-2352799
【网址】www.xmhwj.com

国道318线西藏段【400公里】

拉萨→林芝

推荐理由：冬天不宜进藏游览如果你还抱着这样“保守”的想法，那就大错特错了。实际上，西藏因地理位置与海拔高度的特殊性，每个季节均有不同景色可赏，冬季的西藏更是与众不同，别具风味。先不说藏历新年的热闹和藏区雪山的豪迈，单是在日光城拉萨市区晒晒冬日暖阳，就是一名“藏迷”不容错过的体验。何况，两个人的旅行，怎能容忍旺季的喧闹？

甜蜜指数：★★★★★

冬日暖阳，布达拉作证

在拉萨，冬季远没有旺季那么多游客，可以更舒适地游览布达拉宫、大昭寺、八廓街等景点，以“藏历新年”为主的民俗节日和文化活动也在西藏各地一一上演，让你感受到原汁原味的藏民族性格和藏文化魅力。除此之外，不容错过的还有免费的高原阳光——由于高原大部分地区气候垂直变化显著，昼夜温差大，冬季平均每天的日照时间达10小时以上。冬天的拉萨从早上9点到晚上7点都可晒到太阳，堪称名副其实的日光城。游人除了游览景点，大可以坐在拉萨城里晒晒太阳、发发呆，在街边小店点一杯酥油茶或是青稞酒，消磨一个下午，也可以到集市里购买瓜果及其他小物件，或者淘藏式古董，让旅程更为悠闲。藏历新年来临之际是拉萨一年中各类商品最齐全之时，游客往往有意外收获。

相携大峡谷，爱意倍增

雅鲁藏布大峡谷—布达拉宫—珠穆朗玛峰，这是西藏人一致认为的最佳进藏线路，三地的游览难度呈递进关系，游人可依体力情况依次挑战。

雅鲁藏布大峡谷所在的林芝被看做是冬季进藏旅游最佳的适应性平台，雅鲁藏布大峡谷、南迦巴瓦峰、波密冰川群、巴松措、鲁朗林海等一大批世界级自然景观都隶属于此。相比西藏其他地区，林芝的含氧量最高，气温也最高，故而有“西藏江南”之说。而林芝地区最大的魅力在于其生动的生态美景：高海拔的过渡在此很明显，不同梯次的美景渐次展现，给人震撼之感。

冬游林芝可以三大主题为主，一是以尼洋河风光带为主的美景摄影游，二是民风民俗游，三是徒步世界最大峡谷——雅鲁藏布大峡谷。在进入雅鲁藏布大峡谷的过程中，可欣赏中国最美的冰川、藏羌草甸以及原始丛林，游览“世界至高画廊”鲁朗河谷，眺望“中国最美山峰”南迦巴瓦峰，视觉绝不会疲劳。

TIPS

冬游西藏的其他推荐：

西藏拥有不少温泉资源，其中羊八井位于拉萨市西北90公里处，为旅游疗养的胜地。冬天的西藏还是观鸟的乐园，市区、郊县有许多水草丰美之地，越冬的水鸟在此起舞。

◆预算：相比旺季，仅交通一项，冬游西藏便可节省大笔费用。除了各大航空公司争相推出各种折扣，当地旅游公司的租车费也有所下调。此外，从11月1日至次年3月，西藏各景点还实行淡季优惠价格。

◆住宿：拉萨有450多家酒店、宾馆，其中不乏国际五星级酒店，冬季的促销价格不到旺季的一半。遍布市区的家庭旅馆、青年旅社及经济型酒店。

◆提醒：冬季西藏早晚温差大，空气干燥，空气中的含氧量略低于夏季，游客需在休息、饮食方面多加注意。

MORE THAN DRIVING

自驾+X

自驾车旅行如果只是为了看一看风景，尝一尝美食，固然无可非议，但却略嫌单调。其实，通过自驾这种自由而美好的方式可以把很多玩法组合起来，做一个私人订制的旅行“变形金刚”，加徒步，加攀岩，加溯溪，加潜水，是自驾和户外的完美互赏；加度假，加考古，加探秘，加美食，则是为自驾旅行穿上了一袭华丽的嫁衣，待字路上。

敖伦苏木重访鬼城

谁能想到，离一条省道干线仅仅 38 公里的地方，竟长久地伫立着一个“鬼城”敖伦苏木。那些埋藏在一个个坟包之下的教堂、佛塔、宫殿像文明的碎片一般，串起一个蒙古族部落曾经的辉煌。

梅州客观天下

酿、焗、扣这几个简单的烹饪动作，蕴含的是身居岭南，却怀念中州故土的客家情怀；从这几个动词里，还能看懂千年以前客家人从迁移到扎根的嬗变。

小兴安岭去驰骋

隆冬时分，给爱车加上一个真正东北式的防滑链，或者再发烧一点，换上专业的雪地胎，一头闯进关东“江湖”去遨游驰骋。在白茫茫的林海雪原中，让疲惫的灵魂找到安栖之所。

敖伦苏木 重访鬼城

自驾＋考古

撰文＿黄大路／王静／边辑
摄影＿阿顾／邵风雷／边辑

谁能想到，离一条省道干线仅仅38公里的地方，竟长久地伫立着一个几乎被人遗忘的“鬼城”——敖伦苏木。它既是元代皇亲汪古部首领赵王的府邸，也是集佛教、天主教、景教多种宗教信仰于一地的一个“多庙之城”。虽然今日已成断壁残垣，但是那些埋藏在一个个坟包之下的教堂、佛塔、宫殿却能像文明的碎片一般，为考古学家们串起一个蒙古族部落曾经的辉煌故事。

沉睡了数百年的敖伦苏木被瑞典人发现，而在此队伍中也出现了中国科考人员的影子。与民国时期一些其他考古发现不同的是，敖伦苏木并没有被大规模以考古名义盗掘。

一部草原纪录片的剧照，再现了敖伦苏木当年的科考影像

瑞典人斯文·赫定，绝对一个中国通，1927 年这次西行是他在中国境内的第四次科考了

1927 年，年初，北京。著名探险家、瑞典人斯文·赫定的第四次中国西北科学考察被北洋政府叫停了。叫停的原因是简单而又破天荒的——科考队里必须有中国人。以往，因为晚清国力孱弱，外国人在中国的科考无需征得清政府的同意，或者仅仅是走个过场似的向清政府打个招呼，基本畅通无阻的。此一番，坐上了北洋政府掌门宝座的土匪出身的张作霖却遏制了西方人。经过 6 个多月的拉锯谈判，斯文·赫定终于放下了洋人的架子，被迫接受了北洋政府开出的条件。于是，1927 年 5 月 9 日，中瑞联合科考队自京城出发。

这一去，便成就了一个伟大的考古发现——敖伦苏木鬼城，也成就了一个一定要被历史记住的中国人——时年 34 岁的中方科考队员黄文弼。这位中国科学院考古研究所第一代研究员、著名的考古学家和西北史地学家。黄文弼一生中最重要的考古成就是在新疆——他根据实地考察所得，论证了楼兰、龟兹、于阗、焉耆等古国及许多古城的地理位置和历史演变；判明了麴氏高昌的纪年顺序和茔域分布；提出了古代塔里木盆地南北两河的变迁问题；更为探讨新疆地区不同时期的历史文化积累了相当丰富的资料。然而，他在 1927 年的这次中瑞联合科考中对发现敖伦苏木的巨大贡献也是不可磨灭的。

那个夏天，他们在阴山北边的草原深处发现了一座百灵庙。为什么在如此荒凉之地会有这等恢宏的庙宇呢？黄文弼推测，大庙不可能是孤立的，在它周边的草原深处，有可能存在着古代文化遗存。那一天，风和日丽，草原上常见的风也有收敛的势头。黄文弼有种预

金界壕，蜿蜒曲折，贯穿达茂全境。比两个蒙古包的直径加起来还宽的界壕当初的深度在两米以上，这么宽、如此深，阻挡骑兵是没问题的。因为金界壕，蒙古铁骑对汪古部奈何不得，对金朝也难以形成战略上的优势

感，科考的头一站、也就是今天达尔罕茂明安联合旗（以下简称达茂旗）的草原深处，或许会有大发现。就在进一步踏寻的时候，传来了一个令所有中国人都震惊的消息，科考队里另一位叫做丁道衡的中方科考队员在距离百灵镇东北80公里的山地草原里发现了一个大铁矿，那就是今天著名的白云鄂博铁矿。一时间，大家甚至都忘了寻找古城，而是为找到了这巨大的财富而欣喜若狂。

黄文弼没有狂喜，他继续执着地去搜寻那传说中的部落。果然，1927年6月6日，在离开京城快一个月的时候，一个偌大、荒芜、凄凉的残城暴露于他面前，那里蒿草摇曳，瓦砾遍地，高台兀立。向导说，

黄文弼简介

黄文弼（1893.4—1966.12），字仲良，湖北汉川人，中国科学院考古研究所研究员，考古学家，西北史地学家。1918年毕业于北京大学哲学系。1919年到北京大学研究所国学门任教，并于1927～1930年参加中瑞西北科学考察团的内蒙古、新疆考察活动。1934～1937年任西北科学考察团专任研究员，1935年又以中央古物保管委员会委员身份派驻西安任办事处主任，进行整理碑林等工作。抗日战争期间任西北联合大学和四川大学教授，又任西北大学历史、边政两系主任。1966年12月18日在北京病逝。

黄文弼4次去新疆考察，对西北史地和新疆考古的研究卓有贡献。他曾在吐鲁番附近考察高昌古城遗址和交河古城遗址，发掘雅尔湖的麴氏高昌墓地，在罗布淖尔北岸发现了石器时代遗址，发掘汉代烽燧遗址，又在塔里木盆地周围地区进行调查。1957～1958年的考察，足迹遍及南北疆的哈密、伊犁、焉耆、库车及阿克苏、喀什、巴楚、和田等地区。

黄文弼在考古学上的主要贡献是：根据实地考察所得，论证了楼兰、龟兹、于阗、焉耆等古国及许多古城的地理位置和历史演变；判明了麴氏高昌的纪年顺序和茔域分布；提出了古代塔里木盆地南北两河的变迁问题；更为探讨新疆地区不同时期的历史文化积累了相当丰富的资料。

公主远嫁的前夜，可曾也对着油灯暗自嗟叹

当地人管这儿叫做鬼城，无论是白天还是黑夜，无论从哪儿往里看，都像有鬼魅飘忽。

金界壕，打开敖伦苏木尘封的记忆

不知道已经在国道110线往来穿梭了多少次，经常经过这条线上内蒙古两大重要的城市——呼和浩特和包头，不过从未转上两条重要的省道去看看希拉穆仁草原，直到这次与再访敖伦苏木的考古队伍一起进入。从呼和浩特走省道104线，向北经过武川县、乌克呼洞镇，大约175公里就能到达达茂旗。不过，从达茂旗还要再向北走个38公里才能到敖伦苏木。

敖伦苏木位于达茂旗百灵庙镇东北约30公里处，是一座元代古城遗址，原为元代皇亲汪古部首领赵王府邸，故称赵王城，又名黑水城、五英雄城，不过当地牧民则习惯称它为"敖伦苏木"，意思就是"多庙之城"。这里在元代是德宁路治地，也曾经是汪古部地区政治、经济、文化、佛教的中心。城址东西长960米，南北宽570米。东南西北四门均设瓮城，四隅有圆形角楼遗址，内有20余处建筑台基址，为官府衙第和佛寺旧址，城东北有许多圆形石墓，城西北也有一处古墓，均为王公贵族墓地。

在茫茫的大漠草原上，远远地就能看到古城残垣断壁的高大建筑物的废墟，周围土地曾被开发的痕迹清晰可辨，遗址周围古墓甚多。实地勘察发现，城垣平面呈长方形，东西宽570余米，南北长960余米。四面设门，门外加筑的瓮城犹存。城墙四角各有一圆形土丘，高约6米。其上砖块瓦砾比比皆是。是当年角楼遗址。1927年，当黄文弼跟他的队友们在向导的带领下来到达茂旗时，完全不知道向导口中的这座"鬼城"就是敖伦苏木。

被风雕琢的残墙兀立在人迹罕至的草原深处，远远看去，鬼斧神工，如同鬼域

史记，成吉思汗初成霸业的时候，曾联合汪古部落，在西部草原修建了一座叫做敖伦苏木的城，至于说，成吉思汗为什么要在草原深处修筑敖伦苏木，有必要将达茂旗原本的部族说一下。1000 多年前，有个叫做汪古的部落自西边迁徙到了达茂，史称白鞑靼。定居于阴山的北边，汪古部被金朝委以了重任——驻防金界壕，抵御日渐强大的觊觎着中原的蒙古部族。

醉心于这段历史的黄文弼一直在苦苦追寻着敖伦苏木的身影，它会不会就是这座“鬼城”呢？为了印证自己的推测，黄文弼决定由外及内寻找证据。有如神助，几天以后，在草原上，黄文弼发现了一道显示着明显人工开挖痕迹的望不到边的界壕，经过考证，黄文弼认定，这就是金末元初汪古部驻防的金界壕。

蒙古大军后来是怎么越过金界壕的？史书上记载，为防御蒙古部金界壕建于金末，史书上还说，金界壕废弃于元初。既然眼前的堑就是金界壕，那么，敖伦苏木应该就在附近。金界壕为金所建，废弃于元初，这道堑壕如同鱼骨，曾经横亘于成吉思汗的咽喉，金界壕不但压缩了蒙古部的战略空间，而且阻碍了蒙古部向西、向南的扩展。

在史书中还提到一条艾不花河，它的意思是“王者之河”。如果有一座古城依王者之河而建，那么这座古城的身份就绝非一般。黄文弼循着种种蛛丝马迹，找到了金界壕、神秘的古城以及城边的河流，实际上已经触及到了重大发现的临界点。凭着丰富的考古经验和对散落在地的遗物的甄别，黄文弼认定，眼前的古城至少被荒弃了数百年了。这座古城有可能就是敖伦苏木！

如果黄文弼的发现在今天公之于众，那势必会在考古界

成吉思汗肉体虽灭，英灵却永远在草原上主宰着一切

木胡儿索卜尔嘎墓群出土的墓顶石

掀起一场巨大的骚动，只是，在那个混乱的割据年代，他的发现引起了世界学术界的关注，却没有在国内引起足够的重视。科考队要继续西行，黄文弼只得放弃了对古城的深入探究，而这之后，因为各种各样的原因，黄文弼没有了再次驻足古城的机会，没能再次光顾这座古城，这成了他毕生的遗憾。

找岩画，敖伦苏木古城意外重见天日

在黄文弼到访达茂旗之后的几十年，敖伦苏木像《木乃伊归来》中那座无人能解开谜题便重新陷入大地沉睡的神秘城一样，又成了一座默默无闻的“鬼城”。虽然离公路不过几十公里，但却乏人问津，只偶尔有转场的牧人路过在那里歇脚，它破败的城垣才能感受到一点儿人世的气息。不过，并不是所有人都将敖伦苏木彻底遗忘了，有一位同样有志于草原考古的学者一直在关注着前辈黄文弼的科考结论。他叫盖山林。

上世纪80年代初，内蒙古自治区文物考古研究所的研究员盖山林就几乎已经用双脚丈量了阴山山脉的每一寸土地。在此之前，国际学术界一直有一种说法——中国无岩画。盖山林不同意这个观点，他认为，历史悠久的中国不可能没有岩画。很久以前，阴山就有远古人类生存，虽然茹毛饮血，凭着人类的智慧不可能不留下一点儿文明的符号。于是，满怀信心的盖山林将达茂旗周边的阴山地区当成了第一块寻找岩画的田野考察区。他孤身一人，不畏艰险，用数年的时间到处踏寻，但是一无所获。就在盖山林准备放弃查找的时候，一天，他在一户牧民借宿，入夜与羊倌闲聊。羊倌听说盖山林在找刻在岩石上的画，就对他说，他见到过。盖山林简直抑制不住心头的狂喜，兴奋得一夜都没有合眼。第二天一早，羊倌带着盖山林登上了一座裸露着岩石的小山，看到那些刻在岩石上上千年的朴拙画作，盖山林的眼睛不禁湿润了，这不仅是更正了一个“中国无岩画”的学术谬误，更是用铁一般的事实向全世界证明了：我们的祖先不是蒙昧野蛮的无知

采石场边上的佛教刻画——刻这幅岩画的人很可能是被虏来的内地工匠，在劳作地点刻上佛教画像，以求佛祖保佑早日还乡

盖山林简介

盖山林，1936年9月出生，河北行唐人。1960年西北大学历史系考古专业毕业。从1976年至今主要从事岩画的考察和研究工作。

1962年在内蒙古乌拉特中旗首次发现阴山岩画。1979至1980年，对阴山山脉西段狼山地区岩画进行了考察和拓描工作，发现上自新石器时代下至各个历史时期的岩画一万多幅，拓描了一千多幅，并就此发表了一系列考察报告和论文。1980至1983年对乌海市桌子山和乌兰察布草原进行考察。1988至1990年，对阿拉善右旗和苏尼特左旗进行考察，发现岩画近万幅。目前正在撰写《岩画学通论》及《沙海岩画——阿拉善古代游牧人的历史画卷》。

已面世的主要学术著作有《和林格尔汉墓壁面》（呼和浩特）、《阴山汪古》（呼和浩特）、《阴山岩画》（北京）、《乌兰察布岩画》（北京）、《中国岩画》（广州）、《中国岩画图案》（上海）、《记在岩石上的历史图卷——中国岩画》（香港、上海、台湾）等。在国内外30余种报刊，发表学术文章250余篇。已发表的学术论著，引起国内外学术界广泛重视。许多论著被日本、韩国、俄国、法国、意大利学者所引用。《中国岩画学》和《阴山岩画》获内蒙古哲学社会科学优秀成果一等奖；《乌兰察布岩画》二等奖。文章《从林草茂盛的古代明山谈起》获《身边科学》优秀科普作品一等奖。1986年中华人民共和国人事部批准其为“中青年有突出贡献专家”。1991年获国务院政府特殊津贴。由于其在学术界的贡献和地位，国内外许多名人录介绍了其业绩：意大利《世界岩画艺术名人录》、美国马奎司《世界名人录》、英国剑桥《世界名人录》等。1994年11月20日-24日，美国《世界日报》（汉文版）连续5天介绍了其成绩及成果。

石碾，用作碾压草料，这种由牛牵引的石磨一天下来，碾压好的草料足够数百匹战马吃上数周

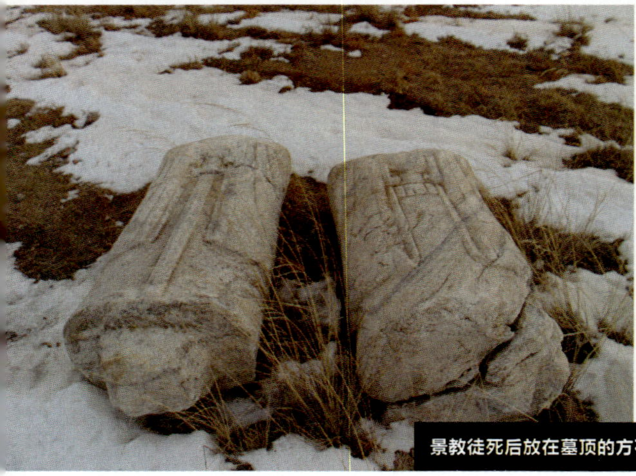

景教徒死后放在墓顶的方石，后来被严重地世俗化了

之辈，而是用灵活的双手与大脑为五千年的华夏文明建立了一个良好的开端。

就是这么巧，在盖山林寻找岩画的过程中，也无意中走到了金界壕，但他比黄文弼幸运的是，完成了阴山岩画调查以后，他索性带领一支队伍进驻古城，踏踏实实安营扎寨来延续前辈学者的探究。

怎样证实这里的确是传说中的敖伦苏木呢？为了给古城正名，盖山林和他的团队是从对古城周边的古墓发掘开始的。在内地非皇帝的棺椁是不能刻画龙图案的，而在元代，成吉思汗黄金家族死后被允许使用龙图案，在经过了几天的细致发掘工作后，盖山林初步判定：这应该是一座元代王一级的大墓。

探究草原深处为什么会有元代贵族墓葬？有必要说说金界壕为什么没能防得住蒙古骑兵这件事。史记，成吉思汗曾将敖伦苏木的汪古首领奉做了“安答忽答”，也就是“兄弟加亲家”，将自己的女儿阿拉海别吉嫁给了汪古部落的首领。汪蒙成了亲家，为亲家大开方便之门，理所应当。没有这次联手，蒙古大军就不可能在短时间内灭金并且西征，蒙汪联手是一个波及到世界格局的大事，联手以后，汪古部的军队被编进了蒙古大军，与蒙古大军一起，征讨世界，汪古部骑兵是蒙古大军中一支强力战团。原本为金驻守达茂的汪古部成了黄金家族的一员，所以达茂就有了元代的贵族大墓。而汪古部的权贵在下葬的时候其棺椁上刻画龙纹，着金丝编织的殓服也就不足为奇了。

达茂的汪古部首领成了黄金家族成员，不过，这座古城会是史书记载的汪蒙联姻以后修建的敖伦苏木吗？为了验证

居中的高台由内城包裹。高高的土台上曾经是衙署。这儿是阿拉海别吉的官邸所在地

眼前的古城到底是不是敖伦苏木，盖山林决定从这样几个方面落实探究：第一，古城内有许多大型建筑，需要大量的石料，不可能自远处运来，古城的附近应该会有大型采石场。第二，史记，古城是蒙古大军的后勤给养地，古城的周边就应该有大面积的耕地。第三，敖伦苏木蒙语的意思是多庙之城，在古城址里，应该有古庙的遗迹。第四，敖伦苏木地处多种文化的集合点上，古城里应该有多种文化的体现。此外，古城对蒙古以至于对元朝来说，在政治上都是举足轻重。

考古人员发现，采石场距今已有八九百年。这期间，刚好是汪古部落联手成吉思汗在草原深处建立战略中心和后勤给养地的时期。被开采下来的石料很大，绝非一般民居所用，而在达茂旗境内的其他地方未见古时采出的石料，采石场采出的巨石上哪儿去了？答案只有一个，这就是，被就近用作了建筑城堡。古城的城墙由泥土夯筑而成，少有石料，但城内多现被细心打磨过的大块的石质建材。经检测，这些石质建材的确来自不远的采石场。以随处可见的大型粮食加工工具来看，为数十万大军提供给养是不成问题的。这一点也与古籍中敖伦苏木是蒙古大军最为重要的粮草给养地的记载是吻合的。盖山林的考古发现算是最终完成了对敖伦苏木的正名。

阿拉海别吉，监国公主的传奇一生

这年秋天，风清云低。低低的云眼看就要和草粘在一起了。达茂旗的民间有个说法，凡云接着地，就会有大事发生。

草原深处，一对中年牧民正在挖土打坯。临近晌午，牧民的铁铲下露出了一个沉颠颠的铜质印章。牧民懵了，草

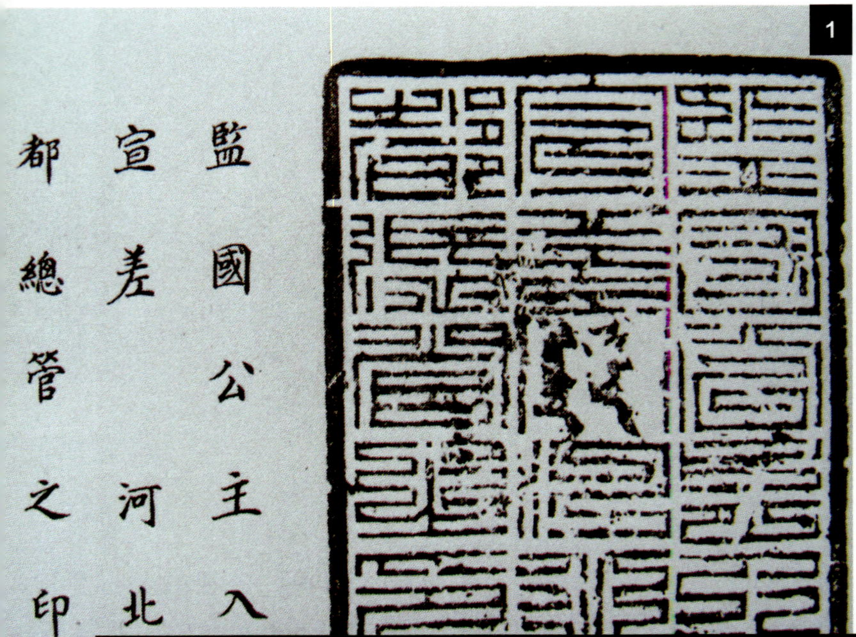

1~3 阿拉海别吉的铜印长108毫米，宽107毫米，高63毫米。黄铜质地，重1400克。印背有一直钮，钮上刻着一个汉字，“上”。印文为阳刻篆体。“监国公主入宣差河北都总管之印”。汉字中包裹着两行蒙文，铜印刻着蒙汉两种文字，它是蒙元时期的遗物

原上有谁能用得起这样的大印呢？回到家，牧民找来了十里八乡唯一识文断字的教书先生。看过大印，见多识广的教书先生懵了，不认识印章上的字，断不准大印的来头。正因为教书先生看不懂，牧民断定，大印肯定是很值钱的，换回三五匹大牲口应该不在话下。

牧民挖到大印并非眼前的事儿，而是60多年前的1958年发生的。将大印拿回家，牧民静待买家，哪曾想，直到1976年，将近20年，牧民硬是没把大印卖出去。其实，牧民的意外所得，是个无价之宝，甭说三五匹大牲口，即便是三五万匹大牲口也不及大印的身价。

1976年，夏天，考古队员在达茂草原做文物普查。中午，一行人进了一户牧民家歇脚喝奶茶。草原上，不管认识不认识，但凡来人都是客。来者无意，主人有心，牧民觉得，眼前的几个干考古的是有意而来的。越想越不对劲儿，没等喝完头碗茶，心虚的牧民便拿出了大印。文物法规定，所有出土的文物均属国家所有。得来全不费工夫，大印归了国家。

以印文看，铜印的主人非帝王，只是个公主，是个充任“监国”一职的公主。蒙元时期，哪位皇家千金当过“监国”、把持过出土于达茂的大印呢？前边说过，为了笼络汪古部，成吉思汗甚至将自己最心爱的女儿阿拉海别吉嫁给了比自己还大的汪古部首领阿剌兀思，迎娶了成吉思汗闺女的汪古部何德何能，能得到成吉思汗如此礼遇？以至于成吉思汗导演了这出政治联姻呢？

说到由嫁女牵扯出来的政治联姻，这在中国早已司空见惯。比如说，东西两汉，200多年间，就曾有17位汉庭美女被充作公主嫁进了草原。化干戈为玉帛，躲避战患，美女胜过了战将。黄河两岸，出嫁的花轿的确间歇了战争的硝烟。与汉庭皇帝截然不同的是，成吉思汗嫁女，并非为了苟安，而在于强化实力。虽说这门婚事在外人看来极不协调，但是，因为嫁女，成吉思汗和原本敌对的汪古部结了盟。将心爱的女儿下嫁给一个外族老头儿，在成吉思汗看来，为了这出政

一位柔弱的公主，几十年担当监国重任，她的背影是否也会这般沉重？

治赌注抛出去的筹码，值得。并且，在蒙汪联姻之前，成吉思汗就已经完成了对东部草原的统一，而居于达茂的汪古部落成了阻拦蒙古大军西进的屏障。就在这个档口，天遂人愿，发生了一件令成吉思汗都未曾料到的事情。1204年，汪古部落首领阿剌兀思接到了一封密信。看过密信，阿剌兀思局促不安了。密信是谁送来的？说了些什么？

放在阿剌兀思案头的密信是金国统治者送来的。金国要求阿剌兀思设埋伏，配合金军攻打成吉思汗。是应和金攻蒙还是另做打算？阿剌兀思举棋难定。实际上，在这封密信到来之前，阿剌兀思对成吉思汗的雄才伟略就倾慕已久了。时年，腐败朝政已令金失却了往日的强盛，而蒙古大军在成吉思汗的统领下蒸蒸日上。权衡再三，阿剌兀思做出了关乎到了汪古、甚而是关乎到了蒙古帝国命运的抉择，联手蒙军，打击金军。

跨过金界壕，蒙古大军挥师南下，打进京城，灭了金。从这以后，汪古成了蒙军的战略伙伴。成吉思汗以及他的继任者都清楚，得汪古便能得天下。于是，就有了前边提到过的，成吉思汗促就的那出不和谐的婚姻。

常言道知女莫如父，为什么成吉思汗要将与自己感情最深的阿拉海别吉远嫁达茂、担当监国呢？在于成吉思汗深知阿拉海别吉的能力。阿拉海别吉没有辜负父亲的期望，治理有方，确保了蒙古大军的战略咽喉安然无恙。身为监国公主，阿拉海别吉监的是汪古部还是整个大草原呢？《蒙鞑备录》说："汪古部，其国乃鞑主成吉思汗公主必姬权管国事。"必姬就是阿拉海别吉，这段话的意思是阿拉海别吉全权掌管整个国家的大事，换句话说就是为蒙古帝国拿下了汪古的整个版图。汪古造就了阿拉海别吉，有学者断言，如果没有汪古，就没有阿拉海别吉，就没有蒙古的强盛，世界史也会重新改写了。

"监国公主行宣差河北都总管之印"。"之印"，并非帝王的"印玺"，这说明阿拉海别吉虽为监国，但非国君，只是替自己的父亲掌管国事，蒙古帝国真正的掌门人是成吉思汗。阿拉海别吉职责是辅佐朝政，因为成吉思汗常年带兵征战，监国起到的是相当于当今留守部长的作用。

阿拉海别吉促就了蒙古帝国霸业的稳步发展，不过，她的婚姻却历经坎坷。嫁给阿剌兀思，没过多久，年老的新郎就撒手人寰了。按照史书上的记载，汪古部的权利过渡充满了血腥。贵为公主的阿拉海别吉带着阿剌兀思年幼的儿子逃离达茂。幸好成吉思汗及时掌控了局势，阿拉海别吉才得以再回达茂。依循蒙古族的婚制，阿拉海别吉再婚，此番新郎是阿剌兀思的长子，名叫不颜昔班。以年龄看，不颜昔班与阿拉海别吉倒是般配，但是，好景不长，不颜昔班死于内乱。再后来，阿拉海别吉又依制与阿剌兀思的侄子再婚。但是，阿拉海别吉还没来得及与新夫感受恩爱，这位新郎也死于了内乱。第三任丈夫死后，阿拉海别吉第四次结婚，此番再婚的丈夫叫孛要合，是阿剌兀思与先前的妻子生的儿子。如同第一次婚姻，此番姻缘又是令人悲泣的，没过多久，阿拉海别吉就又守了寡，守寡的原因还是内乱。婚姻的不幸，反倒使得阿拉海别吉愈发强干了起来。

《蒙鞑备录》记述："今领白鞑靼国事，日逐府位，有妇士数千人事之。凡征伐斫杀，

当年盖山林正是凭这些石料为敖伦苏木盖棺定论

皆已出。"阿拉海别吉组建了全是女兵的数千人的军队。为巩固蒙古帝国的大后方，这支女子生力军起到了举足轻重的作用。

成吉思汗伟大，阿拉海别吉也堪称伟大，那么，伟大的阿拉海别吉长什么样？在考古人员对一座女性墓葬进行发掘时，不禁提出了这样胆大的设想：也许，这座墓里葬的就是那位著名的监国公主。于是，当机立断，考古人员决定以刑侦学上用人头骨来复制还原的办法制作一个头部复原样本。半个月以后，在大家的翘首以待中，复制的图像终于出来了。但是，令大家失望的是，这是

一位至多只有30岁的年轻妇女。而据史载：身为监国、四番婚姻的阿拉海别吉卒于51岁，就算再怎么会保养，也不可能这么年轻了。显然，这不是阿拉海别吉。汪古被称为白鞑靼，是自西而来的白种人，而考古人员根据贵族遗骸复制的人像显现着黄种人的特质。再有一点，通过检测，考古人员发现，被测的样本生前的营养状况是不错的，而且，从体质上看，被测的个体没有长期从事体力的特征，所以说，被测的样本应该也是一位远嫁汪古的蒙古族公主。

敖伦苏木虽已远去，达茂的蒙古人精魂犹在

在对阿拉海别吉监国历史的记载中，考古人员不难发现，有了这位女强人的统领和管理，当时的汪古部落异常强大，不仅做了整个蒙古帝国的坚强后盾，在诸多部落中也是极尽权贵之势，这一点从敖伦苏木古城的建制也可以看得出来。继盖山林考古队在敖伦苏木进行考察后的20年中，经中外学者和考古学家考察发现，城内有王府、景教寺院、天主教“罗马教会堂”、喇嘛庙、孔庙等遗址。古遗物有石龟（原为碑基），石俑、石碓臼、石磨、墓顶石等。出土的古钱币有“货泉”、“开元通宝”、“景德元宝”、“祥符通宝”、“皇宋通宝”、“嘉佑元宝”、“元符通宝”等。还发现《王傅德风堂碑记》，碑文900余字，是前净州路儒学教授三山林子良奉赵王怀都“钧旨”撰写的，由王傅都事刘德彰篆刻。从碑文内容看，此碑原是由几块碑合在一起，形成一座屏风的式样，放置于一厅堂的中央。碑文有损，个别地方难以辨认。敖伦苏木古城是元代德宁路所在地，为汪古部地区最大的政治、经济、文化、宗教中心，交通四通八达，由丰州穿越大青山到岭北行省哈拉和林的驿道，也经过敖伦苏木城。当地所需要的粮食、茶叶、食盐、丝绸和瓷器都从内地经由这条交通干线运来。这座古城最兴旺的时期是元代，至明代逐渐衰落。据考，明代中叶这座古城曾是土默特部阿勒坦汗的避暑夏宫。

敖伦苏木，蒙语的意思是多庙的城。经考古发现，这儿不但有佛教、道教、儒教、天主教，还有来自西亚的景教。从这点可以看出来，阿拉海别吉当政期间，采用的是宽容大度的民族政策，国策有着很强的包容性。

回过头来，再来探究一下那方大印。首先是它为什么会在达茂的草原深处出土，其次是它上边的汉字“上”的表意是什么？再有就是中间的蒙文写的是什么？以及它为什么要采用阳刻篆体篆刻。先探究头一个疑问，大印为什么会在达茂的草原深处出土。

800多年前，阿拉海别吉为监国时期，发号施令的地方是敖伦苏木，问题是，大印怎么会跑到了40公里之外的草地上呢？实际上，阿拉海别吉作为监国的期间，达茂从来就没有清净过，部族叛乱、自然灾害时有发生。可以这样说，阿拉海别吉没过上过一天安稳日子，但一次次，阿拉海别吉化险为夷，确保了蒙古大军后院的安全。大印为什么会在草原深处出土？可以做出这样的推测：阿拉海别吉死后，铜印被随葬进了墓穴，后来，墓穴被盗，大印流落到了民间。再后来，盗墓人赶上了战乱，持有大印唯恐招致灾祸，将大印藏了起来。有可能藏大印的人死于战乱，于是便没人知道大印去处了，以至于就有了前边提到过的大印被牧民挖出来的事了。

有了大印，阿拉海别吉可以制止战乱，因为战乱，大印遗失到了民间，再因为战乱，大印失于藏匿，牧民挖出大印绝对是偶然，但偶然中隐含着必然的因素，这就是盗掘大印的人和持有大印的人都不想将大印带出达茂，大印是达茂历史的见证，它是不能离开达茂的。

接下来再来说说印纽上的汉字，“上”。考古人员曾做了这样的试验，将上摆正，印也是端正的，上字有表示方位

敖伦苏木部分文物一览：

1

2

3

1-3. 这几件泥塑的佛像出土于敖仑苏木古城内，曾经，景教、道教、佛教、儒教都曾并存于城中

4

5

6

7

8

9

4. 墓中出土的随葬物品进一步印证了考古人员的推测，金丝编织的蒙古袍。金丝衣服的主人是汪古部落的大首领

5. 达茂旗明水墓地出土印金半袖夹衫

6-7. 汉代南越国第二代王赵眜的帝玺

8. 方砖、手印，这是敖伦苏木城建时的质量认证，一旦出现质量问题，根据手印便能查出这块砖是谁做的，治罪就有了依据

9. 元代八思巴文的军用令牌，代表着黄金家族的权势与威仪

敖伦苏木里隐藏着传说中的景教（即唐朝时传入的基督教聂斯脱里），博物馆工作人员正在研究“木胡儿索卜尔嘎墓地”出土带有十字架的石塔顶构件

的功能，再有，也就是最关键的，这个“上”字有彰显拥有者地位的意味。大军在外，身为监国，阿拉海别吉有着绝对的权力，史书上说，阿拉海别吉就曾指挥过其三叔哈萨尔的军事行动。阿拉海别吉称得上具备雄才大略，因为她的坐镇，蒙古大军才能后顾无忧地在前线作战，如果这么说，蒙古大军横扫亚欧，阿拉海别吉在其中扮演的是一个举足轻重的角色。

前边提到过，因为损伤，大印上的蒙文难以辨认。考古人员将寻找与大印有关的文书作为了破解大印上蒙文表意的突破口。但是，费尽了周折，考古人员没能找到加盖过这方大印的元代文书。这是几个什么字？对大印上蒙文的辨识成了一个永久的谜。

阳刻篆体是帝玺的专用，从春秋战国到秦汉唐宋，再到元明清，帝玺几乎都是采用阳刻篆文刻制的。阳刻篆文大气、厚重，以篆文刻制帝玺可以彰显帝王的权威。阿拉海别吉官印的阳刻文是对历代王朝先帝做法的继承，也是中国帝玺一贯制的体现。

关于大印上印文，有一点令人费解，这就是，阿拉海别吉监的是整个蒙古元帝国，但是，行使职权所用的大印上却是蒙汉文并用。阿拉海别吉监国主要职责是为大军提供军需给养。考古发现，敖伦苏木周边的草地曾被过度开垦过，但达茂处在半干旱地区，作物的产量不高，蒙古大军所需的大量的粮草应该是来自阴山以南的广大农区的。阿拉海别吉作

当年繁盛的赵王府已经成为废墟，敖伦苏木在很长时间里也成为了牧羊人的领地，他们用散落的砖块堆砌起来一些类似塔样的建筑，冥冥中仿佛是在对消逝的王朝致以深深的怀念和敬意

为监国的最主要职责是为前线提供粮草，而多数粮草来自汉中和华北，大量的农耕民也就是汉人成了阿拉海别吉的从令者，而且，这些地方的很多官员都是汉人，对于这些人行使权力当然要以汉人看得懂的凭证，也就是汉字的印章了。

探究大印为什么要用蒙汉两种文字，疑问搞清楚了。但是，既然汉中为蒙古大军最为重要的物资供应地，为什么蒙元的统治者还要将管理中心放在敖伦苏木，而不是挪至富裕的汉中呢？前边说过，达茂对各个方向都存在着战略上的优势，这是蒙元将战略中心设置在达茂的战略原因。不过，敖伦苏木并非受到统治者的长久青睐。元建都北京以后，敖伦苏木不再得宠了。忽必烈建元，都北京，敖伦苏木失去了往昔的战略作用。再后来，敖伦苏木没了人烟，原因是，元末红巾军打进了达茂，红巾军先是将敖伦苏木洗劫一空，然后将城里的居民驱散了，于是，敖伦苏木消失了。

今日的达茂旗，很难再看出当年敖伦苏木称霸一方的影子，但是这里的汉子彪悍，这里的姑娘野性，仍然可以从很多牧民眉宇间的英气望见当年汪古部落的势不可当。当然，随着历史的湮没，战争彻底远离了这片土地，希拉穆仁草原虽然还保留着那些古城的背影，但是已经没有了戾气，而是一片美丽祥和。敖伦苏木，渐渐已化为一片记忆的羽毛，轻柔地飘上腾格里，去传递与远古相通的信息。

梅州

自驾+美食

客观天下

文字整理 / **杨柒**

客家人就是迁徙的人群。一路迁徙，走出了兵荒马乱；一路迁徙，却能反客为主，成为汉族中一支影响深远的民系。梅州，客家四州之一，是现代客家人最主要的聚居地。酿豆腐、盐焗鸡、梅菜扣肉这几样客家菜和围龙屋一样，成为梅州客都最显著的标志。酿、焗、扣这几个简单的烹饪动作，蕴含的是身居岭南，却怀念中州故土的客家情怀；从这几个动词里，还能看懂千年以前客家人从迁移到扎根的嬗变。

寻访梅州客家人，先要追溯一下他们的源流。中州，华夏之中，河南的古称。河南洛阳是十三朝古都，也是十省通衢的宝地，还是客家人的源流所在。客家之源，传统观点认为就在“河洛”，也就是洛阳。客家话作为汉语七大方言之一，原型就是河南的官话，官话传承的中心地带就是洛阳，洛阳话在东周时期曾作为华夏的标准语，通用于全国，就像现在的普通话一样。根在河南的客家人，自然也就操着一口洛阳话，四处迁徙。梅州便是他们南迁的一个大节点。

因为逃避战乱、躲避灾荒，客家人从中原大地到闽、赣、粤，到全球100多个国家，开始了两千多年流离失所、客居他乡的生活。他们一路迁移，一路繁衍后代，不断改变生产和居住的方式，形成了一支有着自身固定习俗的民系，实现了从颠沛流离到安居乐业的嬗变。客家的历史可以说是一部在路上的历史。

客家人历史上曾经历过六次大规模的南迁，从河南洛阳到广东梅州就是其中重要的一次。汀江和梅江在梅州市三河镇的三河坝汇集成韩江，汇合处水量激增，水流湍急，客家人就选择在这里定居下来。在闽粤一带，韩江和东江两大水系是客家人重要的聚集地，这里90% 的人都是客家人，而梅州就是客家人在韩江边最主要的聚居地。梅州五县一市两区，除了丰顺县，其他都是客家人口占90% 的“纯客住县”。

现在，从洛阳到梅州，无论走哪条高速公路，即使一路疾驰，也得20多个小时才能完成这段1500多公里的路程。而两千年前，客家人从洛阳出发，一路南下，跋山涉水，风餐露宿，没有高速公路的坦途，只有不知道终点在何方的艰苦征程。

在梅州古村落里生活的人们，大多数仍在使用井水

客家盐焗鸡

焗

蕉岭县土法制作的盐焗鸡，边吃边聆听客家迁徙的一路飘摇。

客家的源流在中原，根在洛阳。客家人选择用美食寄托对根的思念。现在，密集分布在闽粤一带的客家人，吃的可不是选料珍奇、配料精巧的小菜，所以很难用“精致”去形容客家人常吃的美食。盐焗鸡就是最好的一个例证，整鸡去焗，手撕、刀割着吃，想着就畅快。如今，在梅州市东北部的蕉岭县，还能看到土法制作的盐焗鸡。

韩江水系的支流石窟河，穿城而过，这座城就是蕉岭县。石窟河两岸是蕉岭县的主要耕作区，土鸡是这里的特产，养殖方法多数还是农户散养，虽然无法实现大批量的供应，但却保证了鸡肉的鲜纯。当地人常年受红菇捞土鸡、冬笋焖鸡等菜肴的滋养，长寿者众，这也是蕉岭县被称为长寿县的原因之一。

在蕉岭县下辖镇乡的深巷里，偶尔还能看到一个耳顺之年的老人，在自家的堂屋里用传统方法制作盐焗鸡。在老人看来，这道菜肴的一个重点就是——焗。精准把握焗的味料、容器、火候，这竟是老人到了这个年岁积累下来的唯一可以传家的宝贝。

老人用的味料，不是市场上常用的盐焗粉，而是客家先人发明盐焗鸡

红色灯笼高高挂在围龙屋里

TIPS

行在梅州

梅州市内的立体交通网络已经形成。航空方面有梅州机场，机场距离市中心4公里，可以起落波音737飞机，目前开通了到达国内40多个城市的航班。

梅州火车站位于梅州市梅江区三角镇，每天有发往深圳、广州、厦门、昆明、武汉等城市的9趟列车。另外，梅州至潮汕铁路，也就是梅州至厦深高铁连接线预计于2014年动工，2016年竣工，全长116公里。

公路方面，梅（州）揭（阳）高速公路、天（津）汕（尾）高速公路、兴（宁）畲（江）高速公路等相继通车，梅州已经融入珠江三角区的经济快车道，从梅州去广州和深圳，只需要3小时左右。梅（州）漳（州）高速公路目前也正在建设中。梅州全市基本实现市到县1小时交通圈、县到镇通三级以上水泥路。

时用的粗盐。一包粗盐用夹链袋保存了两三年，袋子已被磨蹭得不太透明。这袋粗盐已经不记得是从海水里还是从盐井里煎出来的，红豆大小的盐粒儿，有些泛黄。老人的手边还有一只敞口的瓦罐，瓦罐底部铺着一张油纸，传统制作盐焗鸡讲究用油纸，而市场上的连锁店里用的都是锡纸，因为锡纸导热快，缩短了商家的制作周期，而老人选用的油纸，可以更大程度地保存风干鸡肉里余下的水分和鲜味。在油纸上均匀地撒上粗盐，泛黄的油纸、泛黄的粗盐、泛黄的双手，眼前的这一切，就是岁月在这条客家深巷里留下的痕迹。

老人从梁上取下已经悬挂了3周的土鸡，因为梅州潮湿，风干用的时间也比其他干燥的地方多了一倍，鸡的内脏已经被掏空，胸膛被竹签十字固定住。土鸡风干了近一个月，已经闻不出任何腥味，鸡肉味里反倒混着点儿泥土和雨水的味道，或许这就是蕉岭县的味道。

老人将剩下的粗盐抹在鸡身上，细细地涂满，不放过任何一寸。老人家的灶台刚刚改成了沼气炉，放上瓦罐，旋开开关，一团蓝色的火苗开始跳跃，待到粗盐都变成黄色，把腌制好的土鸡放进去，盖上盖儿。老人的视线始终没从炉子上移开，不时看看火，不时凑近闻闻味儿，过了 6 分钟，老人揭开瓦盖，将鸡翻了个身，接着焗。香味渐渐弥漫了厨房，那是一种淡淡的，并不张扬的香味。

盐焗鸡做好了。餐桌上，晚辈们蘸着用香油、味精、葱、姜、蒜、玫瑰酒调制的调料吃，老人挪开料碟，默默地品尝着这道菜最简单的味道。同一张餐桌、同一道菜，年轻人品的是客家传统菜肴在新时代里的滋味，老人品尝的是祖祖辈辈在迁徙路上学到的谨慎、知足。

用粗盐保存食物的味道，延长食物的保存期限，这是客家人在迁徙路上学到的，而食物的鲜美，又能让人暂时缓解漂泊途中的心酸。盐焗鸡现在是梅州大大小小的餐馆里最常见的一道菜，也是提起客家美食文化，不能不提的一道菜。焗，既是一种烹饪方法，也是漂泊路上艰难求生的缩影。

客家人多住在山区，主要的农作物就是水稻，稻谷成熟时客家女不雇工，而是互帮互助，一同收割

客家酿豆腐

酿

五华县酿豆腐里的两种味道、一种智慧，围龙屋里的无限欢乐。

客家人仍在用原始方法烹饪自己的美食

客家人盖房讲究地势、局势、水势，兆头、新头，建房筑灶的习俗尤其多，围龙屋里的一根梁、一个台阶都有含义

梅州的古建筑在经历若干年后仍然屹立不倒

梅州当地人都知道，最早发明盐焗鸡的是长乐人，也就是现在的五华县人。国道205线自东向西横穿县城，汕（头）昆（明）高速公路、济（南）广（州）高速公路环绕在县城边上，这座四通八达的城市出竹马舞、采茶戏等民间艺术，还出客家美食最具代表性的另一道菜——酿豆腐。

酿豆腐的诞生过程，还源于一个“以和为贵”的故事：一个五华人和一个兴宁人在吃猪肉还是吃豆腐的问题上发生了分歧，餐馆老板想到了有皮有馅儿的饺子，就在豆腐中间凿了一个洞，灌上香菇猪肉末儿，让两位顾客在一道菜里，吃到各自喜欢的味道。

酿豆腐的“酿”，和发酵酿酒的意思不一样，“酿”在这里是客家话，形容加入馅料的动作，酿豆腐，就是有馅儿的豆腐。酿豆腐的工序有三步，每一步都很讲究：在四方形的豆腐块中间“酿”上香菇猪肉末馅儿，馅儿是豆腐块大小的一半，若多了，夺了豆腐的味道，若少了，就没了肉末的滋味；将酿好的豆腐放在油锅里炸，泛黄就起锅；最后一步是放在蒸笼里蒸，蒸笼里还得铺着棉屉布。正宗的酿豆腐是放在蒸屉里端上桌的。

在客家人的酿豆腐里，还是看到了中原食物的影子。客家人对衣食住行的方方面面都在追根溯源，比如酿豆腐这道菜，比如他们所住的民居。

因为战乱和饥荒而南迁到梅州的客家人，初到这里时，极少与外界来往，他们保留着汉人的语言和习俗，不断发扬在迁徙中学到的勤勉和智慧，并把这些都融入到了客家民居的设计当中，还给民居起了一个表明自己是中原出身的名字——围龙屋。客家人即使到了南方的山地，也时刻谨记自己是皇帝的子民，他们依山势建起了房屋，房屋里外几层，排列成方形，坐北向南，从正面看就像一把龙椅。围着正屋的一圈半圆形屋群，就是龙椅的椅背。围龙屋本来是客家人在异乡临时搭建的住房，因为特殊的结构和寓意，形成了独树一帜的居住风格，成为中国的特色民居之一。

广东省最大的围龙屋就在五华县。普通的围龙屋是一围层、两围层，而在五华县水寨镇坝尾村的巨型围龙屋是“六横六围”，村民从围龙屋的一头走到另一头，要花上二三十分钟。这座围龙屋最热闹的时候有389间房、332户人家，而现在只剩下20多户人了，这20多户留下的意义似乎是要为历史作证。他们还在喝着村里那口有600多年历史的老井里的水，他们还会定时拜祭祖祠里的先灵。平时，他们就在围龙屋的池塘边散步；农忙的时候，1000多平方米的晒谷坪上，铺着稀稀疏疏的稻谷，远看就像谁家打翻了米缸。对于围龙屋外的世界，他们显然已经没有那么渴望了。客家先人最初建造围龙屋时定下的规矩，就是这20多户村民生存的法则。

比如，围龙屋里，相同宗族姓氏的客家人住在一起，严格按照宗族辈分安排住所，辈分最高的住在围龙屋的中间部分，也就是正堂。一个或者几个围龙屋都是相同的姓氏，房屋的前后一般有溪流弯弯绕绕；一个或者几个围龙屋形成一个村落，村落和村落之间种有树林，客家人称这些树林为风水林，它们也是村和村之间的分界。

池塘和树林让围龙屋看起来一派田园风光。俯瞰围龙屋又像是一个“太

极八卦阵”，它以南北子午线为中轴，左右对称，围屋占据了最高的位置。正屋坐高逐渐降低，分别是上堂、中堂、下堂。围龙屋最初的作用是抵御侵袭，但在戒备的状态下，围龙屋里也有娱乐，客家人就在围屋和正屋之间的空地上舞龙舞狮，庆祝落脚后即将迎来的安宁日子。

围龙屋正堂的内景

TIPS

玩在梅州

梅州地处五岭山脉以南，全市 85% 以上为海拔 500 米以下的丘陵，土地肥沃。如果想要全面了解客家的历史和文化，可以先去一趟客家公园和客家博物馆，它们位于梅州城区东山小唇溪，客家公园全天免费对外开放，位于公园内的中国客家博物馆是全国唯一一家客家主题博物馆，在“地标展厅”还可以看到客家先人用石灰、黄泥、糯米饭夯成的三合土墙，这是围龙屋的雏形。

梅州著名的景点有千佛石塔，位于梅州东郊，是从南宋发展起来的女众道场，古建筑群的核心就是一座千佛石塔，塔身由花岗岩铸成，共 9 层，高 36 米，八角形。

人境庐是清末爱国诗人黄遵宪的故居，坐落在梅州市东郊周溪畔，取意东晋诗人陶渊明“结庐在人境，而无车马喧”的诗句。庐舍筑有花圃、假山、鱼池、五步楼、十步阁、息亭、七字廊、无壁楼、卧虹榭和藏书阁等。曲径回栏，花木掩映，景致清雅。黄遵宪晚年蛰居人境庐，创作了大量诗歌，流芳百世。

雁南飞茶田旅游度假村位于梅州市梅县区雁洋镇，这里也是叶剑英元帅的故乡，度假村是一个集茶叶生产、生态林改造、旅游观光于一体的生态农业示范基地，当地主要产乌龙茶。度假村内的围龙大酒店、围龙食府都是根据客家民居围龙屋的结构建造的，酒店也分围屋和横屋，山间客房错落有致。

客家梅菜扣肉

扣

梅县的梅菜扣肉，梅菜的清甜里，透着流浪生活中的细腻。

在四面八方被围挡住的房屋里，却衍生出了舞龙舞狮、采茶戏等传承至今的客家风俗。在逆境中保持乐观，兼容包并，这是客家人最宝贵的品质。

今天的客家围龙屋也发生了一些变化，钢筋水泥铸造的现代小洋楼在围屋外伫立起来，楼栋还有山花尖顶、通花栏杆这些欧陆风情浓郁的建筑元素，这是客家人适应现代社会的产物。但是这样一来，完整的围龙屋也越来越少，不知传统文化和现代意识能否像客家人一样兼容并包，不知围龙屋还能保存几许春秋。

梅州当地还有一种美食能品味到客家人的兼容包并，那就是“梅菜扣肉”。如果说围龙屋里兼容的是警惕和放松，那梅菜扣肉里兼容的就是细腻和粗放。出产自梅县的梅菜扣肉，菜和肉来自两个地方，梅菜一定要选用惠州梅菜之乡的，肉就选梅县当地的五花肉。

梅菜的名字和梅州息息相关。它是梅州常见的农作物，梅县不少农户就以种植梅菜为生。在梅县当地流传的说法是，360多年前，出身书香门第的卢公一家不满朝政腐败，举家南迁。客居梅州的时候，因人生地不熟，也不擅长农事，日子半饥半饱，眼看就要喂不饱5个年幼的孩子。这时一位姓梅的姑娘培育了一包菜种子，赠予卢公一家。卢公在秋分播种，一个多月过去了，地里冒出了绿油油、齐刷刷的菜苗，并且一天比一天茁壮，经过移栽，原先只有一两畦的秧苗，现在变成了一亩还多。梅姑娘救活了卢公一家，卢公就管这样救命的蔬菜叫做“梅菜”。梅菜经过引种也在东江和韩江流域传开，成了重要的经济作物。

种梅菜简单，做梅菜难。要成为梅菜扣肉里的配菜，新鲜的梅菜叶还得经过晾晒、腌制、漂盐等多道工序。而五花肉的制作就更加繁琐：将肉皮刮干净，在高汤里煮透；上一层老抽，放在花生油里炸；炸完用八角、葱姜蒜翻炒；再用小火焖，直到焖烂；在肉上铺上梅菜段，倒入原汤，上笼蒸透；最后，反扣在盘中，勾芡、浇汁。这6个步骤在地地道道的客家菜馆里，缺一不可。客家人吃这道菜时都怀着感恩的心，他们感谢下厨的人使用熬、炸、炒、焖、蒸等几乎所有烹饪手法制作一道菜肴；也感谢厨师能够把肉处理得入口即化，甜而不腻；还感谢

福建等地的客家民居都是圆楼形，而梅州的围龙屋大部分是府第式、方楼和半月形，格局相对开放

让梅菜这种作物在家乡传播开来的人。当时的梅菜，就像美国普利茅斯的移民从印第安人手中得到的玉米，都是救命的食物。客家人更要感谢的是先人用各种细腻的手法，细腻的味道，让人们暂时忘却漂泊的苦楚。

梅县在广东省的东北部，2013 年 11 月刚刚撤县设区，成为梅州的市辖区之一——梅县区，行政区划的升级，说明地方经济的发展实现了突破，这与梅县人承袭了客家人的坚韧、包容、智慧和乐观分不开，客家人让这座城市走向美好。梅州的客家人，历经 2500 多年的历史，从家乡到客乡，耕山耕水、诗书传家。行走在这座小城里，吃一道客家菜，品味多个层次的味道；走进一户三代同堂的人家，圈出历史的交点；在餐桌上、街上、田间、江畔 …… 这座城市的任何地方，都能感受到客家人用以安身立命的信仰，那就是——不分离。

TIPS

吃在梅州

梅州是客家人的聚居地，所以客家菜肴是梅州美食最主要的特色，菜味咸鲜，吃口脆嫩。除了盐焗鸡、酿豆腐、梅菜扣肉之外，还有酿苦瓜、醋熘鱼、炒子鸭、炖鱼肚、娘酒、砸粽。

酿苦瓜，这道菜和酿豆腐是一个道理，也是把苦瓜掏空，切段，灌上用糯米、鱿鱼、香菇调制的馅料，蒸煮。苦瓜的苦味伴着馅料的鲜香，不仅清热解毒，还有暖胃益气的功效。酿苦瓜和酿豆腐、酿茄子被称为“煎酿三宝”。

客家娘酒是用糯米加酒饼酿成的。糯米蒸熟之后，铺开、放凉，加入酒饼和匀，再放入瓦制的酒瓮里密封好，过三四天后就制成了。娘酒香甜可口，度数在 10~20 度左右，客家女子坐月子时爱用娘酒冲鸡蛋花喝，具有补血和保健的作用。

砸粽也是一道典型的客家主食。“砸”在客家话里是“压”的意思，这道主食就是把糯米放在木格里压实后，再下油炸，边炸边不停地翻转，使得粽子均匀地变黄。

炖鱼肚是一道汤菜，汤的配料不断地更新，现在加入了淮山和芡实。将鱼肚、淮山、芡实一起放进炖盅里，用开水文火炖 1~2 个小时，就可以食用了。淮山是补肾益气的，芡实是健脾止泻的，所以这道汤大补脏器。

自驾+生态

【小兴安岭】去驰骋

撰文 / **马明**

隆冬时分，给爱车加上一个真正东北式的防滑链，或者再发烧一点，换上专业的雪地胎，一头闯进关东“江湖”去遨游驰骋。在零下三十多度的严寒里，在白茫茫的林海雪原中，那才能真正体会雪的纯净，也让疲惫的灵魂找到安栖之所。

[DAY1] 611公里

从冰城驰向林海深处

哈尔滨—绥化—铁力—伊春—鹤岗—佳木斯—富锦

开着心爱的座驾去东北看雪，这个愿望已经湮埋了好多年，直到找到几个志同道合的朋友，便相约上路。略过从北京到哈尔滨乏味的高速路段不提，一到冰城就好像进入了一个神奇的世界。哈尔滨，这个集合了地道东北风情与古典欧洲建筑的城市，时时给人以美丽的错觉，尤其是夜晚，常常会让人觉得自己是身在夜巴黎，以为在某个街角转个弯儿就是香榭丽舍，或者是穿过一座长长的石桥就可以看见卢浮宫。

在东北雪野上经常会见到的狗拉雪橇，进了这个“北方洋场”也平添了几分“洋味儿”，变成了用骡马拉载的欧式四轮小马车，除了鲜艳的色彩颇有东欧之风外，连小巧的车灯也没有忽略掉，是那种有棱有角的西方款式。坐着这样的小马车去看哈尔滨的老教堂真是一件别有情调的事。哈尔滨女孩子身材高挑，而且非常会打扮，绝不亚于许多长期生活在冰城的俄罗斯美女，所以老教堂外面的街道一样非常养眼。把车停在一条飘雪的老街上，看往来穿着皮大衣、丝袜和长筒皮靴的美丽身影，就像雪原中一棵棵亮丽的白桦，更给冬日的哈尔滨增添了无限韵味。

离开冰城有些不舍，但是小兴安岭的召唤更令人兴奋。取道绥化、铁力，就到了小兴安岭的门户城市——伊春。松花江有一条最主要的支流——汤旺河，在传说中是满族的发祥地，所以名字也是以满语命名。“汤旺”在满语中一说意为“春光”或“晨光”；一说是“岛子”之意。不管是晨光中的流水，还是流水中的岛屿，这条河始终保持着它的柔美特质，元代的“桃温水”，明代的“屯河”、“托温江”，清代的“吞河”、“汤旺河”，就这样静静地流淌在伊春的密林中，萦绕迂回，养育着一代一代的满族同胞。即便是在这隆冬之际，充满春光的汤旺河依然散发着旺盛的生命力，映照得那些伐木工人的脸上都活泛起来，即使冬天没有多少活可干，也依然是忙碌着，将家门口的栅栏进一步加固，或者开始给孩子绑玩耍用的小雪橇。

过了伊春，便进入了小兴安岭浓密的树林中。国道从森林中间穿过，两侧时而有某某林场的路牌直指密林深处。从伊春到鹤岗风光无限，除了两侧的白桦林，还经常可以见到林间湍急的河流。道路两边还有不少小小的度假村，有些建在河对岸，非常幽静。如果是夏天，必须在停车后乘小船过河才能到达，冬天据说可以越冰而过，不过看那薄薄的冰层，我们还是没敢尝试。

TIPS

路况

路况：从哈尔滨上 222 国道，到绥化是高速公路，再经铁力往伊春均为国道，车道不宽，但车也不多。伊春到鹤岗的 303 省道两边风光很不错，有密密匝匝的白桦林，鹤岗到富锦的两段省道路况也算良好。

住宿

富锦最好的宾馆像东方大厦酒店只有三星级，不过卫生条件都还不错，设施齐全，标间 150 元/天。

美食

因为赶路，一路吃的都是小馆子，但是味道真的很好，尤其是用家酿大酱和自家做的豆腐炖在一块儿，别提多美味了。

购物

在伊春可以买到小兴安岭的名贵特产——中国林蛙油，俗称蛤蟆油或雪蛤油，是延缓衰老、滋补强壮、增强机体免疫力的进补良药。

[DAY2] 268公里
鱼皮服的故乡
富锦—同江—抚远

从富锦到同江是高速公路，只能赏景不能亲近，干脆一路疾驰。从同江上了313省道，过临江大约10公里的地方有一个我们很早就想去的小岛——八岔，这就是著名的赫哲族风情村。八岔赫哲族乡位于同江市东北部140公里处，黑龙江下游南岸，东部与抚远县接壤，北隔黑龙江与俄罗斯相望，是赫哲族的主要集居地之一。交通便利。乡域内泡泽、河流众多，有著名的“四泡一河”。

八岔一名源于赫哲语“八陈”，意为“夹芯子”。全乡境内地势平缓，绿野如茵，江河如网，泡沼似星。江河中不仅盛产“三花五罗”及鲟、鳇等名贵鱼种，还有“大马哈”等回游鱼类。八岔境内土质肥沃水草丰美，适合种植水稻、大豆和养殖黄牛，是同江市重要的产粮基地和黄牛养殖基地。在村里不仅可以看到民族风情舞蹈和民居建筑，最妙的是可以看到鱼皮服的制作。用大马哈鱼的皮经过多道复杂的工艺揉制，再由赫哲族老艺人一针一线制成皮包、靠垫和各种小工艺品，当然最精致也最难制作的就是鱼皮服。

鱼皮服是赫哲人的传统服装，起始的年代因为久远都已无从查考，但毫无疑问是有了大马哈鱼之后才有了这样让人赞叹的手艺。村子里目前只有几位老人还能制作鱼皮服，由于大马哈鱼的资源日益稀缺，所以这样的技艺也很难再欣赏到。几年前我在同属同江的街津口乡有幸见过一位妇人的鱼皮服制作过程。坐在对面，看着她一针一线地缝制着鱼皮小鞋，时间仿佛凝固了。将鱼皮衣服穿在身上，那是一种什么样的景象？长年生活在水边、山里，棉布衣料之类想必无法运达。以渔猎为生的赫哲族，一边捕鱼、食鱼，一边还要用

鱼皮盖房、造舟、制衣，成为世人皆知的“鱼皮部落”。年复一年，他们穿着鱼皮，守着鱼皮，等来了竖着美丽犄角的鹿，也等来了裹着沙尘的风。鱼皮服上的花纹随着年轮渐渐变淡，点点斑痕日益凸显出生存的艰辛和岁月的沧桑。鱼皮服，承载了一个民族悠远的历史记忆。

“鞋虽小，要做两天呢。鱼皮从剥下、去鳞、晾干、轧熟、裁剪缝制，工序多，很累人，要花几天工夫的。”说话时，她手里的针仍然在来回穿梭。这位妇人，就是街津口乡渔业村的渔民尤文凤——鱼皮服制作技艺的国家级代表性传承人。她告诉我，鱼皮服多用大马哈鱼制成。十多斤的、二十多斤的，50条鱼的鱼皮才能做一件上衣，而且要做20多天！对这门技艺的传承现状，尤文凤多少有些担忧。会的人越来越少，仅六七个而已。与旅游部门结合、开展研究，是她下一步的理想。

八岔的下一站抚远，是中国大马哈鱼的主要产地，也是与俄罗斯通商的重要口岸之一。抚远位于版图的最东端，与俄罗斯的哈巴罗夫斯克隔江相望。经朋友指点，我们住进了抚远渡口边的庆丰宾馆。一进宾馆就发现门口立着一块黑板，黑板上写着每天去哈巴罗夫斯克的行程。这是我们对这个边境小城的第一个强烈印象。没有想到我们离另外一个国家能如此之近，以至于每天都有直达对岸的客车，好多在抚远做边贸生意的人都常来常往，来往两国就跟上下班一样平常。

迫切地想到江边看一看冬捕大马哈鱼的场面，问了当地人才知道这里离乌苏里江还有一段距离，不过我们来的时间很赶巧，很有可能赶上这里开春时最早的开冰仪式。于是，大家在江边的小馆里坐在火炕上喝着冰啤酒，想着第二天要去赶大马哈鱼的约会，都异常兴奋。

TIPS

路况

先走哈同高速从富锦到同江，约有77公里，转上313省道再行进191公里到抚远，因为是国道和省道，所以路况都不错。

住宿

抚远的各类宾馆有十多处，很好找。建议住渡口附近的庆丰宾馆，标间100元/天，主要是后院有停车场和停车暖房，非常适合冬天停车。

美食

顺渡口边有条下坡路往江边走，约100多米，右手边有家餐馆做鱼很有名。各种鱼类的各种吃法在这里几乎都能吃到。

购物

位于抚远镇正阳路的正阳大市场是一个中俄贸易市场。服装、鞋帽、家用电器、汽车配件、小百货、水果，应有尽有，每个摊主都能操着流利的俄语与俄罗斯人讨价还价。

[DAY3] 38公里 迎接最早的日出

抚远—抓吉—乌苏镇

终于站到了“东方第一哨”乌苏里哨所，这里位于乌苏里江和黑龙江汇合处，是中国领土最东端的小镇。哨所的瞭望塔就在江边，可以清楚地从塔顶观察俄方的动向。塔下一棵百年大树下面立着一块“东界碑”，是“东方第一哨”最明显的标志。现在的纪念碑是在原有基础上新建的，长5米、宽4米、高6米，底座采用大理石材料，设有3个台阶，抽象设计成船的形象，象征着三江汇合。碑身的抽象形状与国旗、风帆、火焰相似。其中，国旗象征着哨所守卫中国的主权不可侵犯；风帆与底座组合象征着中国航船驶向世

界和平的海洋；火焰象征着太阳，与东方第一哨是中国大陆第一个迎接太阳升起的哨所含义相合。界碑北面是一片湿地。再往北就是主权争议了多年才回归我国的黑瞎子岛。

在中国大陆的最东端，最早能见到日出的地方就是“东方第一哨”。夏季凌晨 2 时 15 分，红日便从江面冉冉升起了。能在将近 –40℃的环境里等着看日出，需要的不仅是御寒的羊皮袄和狗皮帽，需要的更是坚强的毅力。哨所里的士兵能看到每一次日出，他们的毅力绝非常人之所及。极度的严寒能让人的每个毛孔都变得纯净起来，一如外面的冰雪，当然不能错过那么早的日出，我于是直奔正东方的江边。果然，凌晨两点多一点儿，朝霞就染红了宽阔的江面，像红彤彤的玫瑰一样准备悄然绽放。于是，心也便沉静。当一轮红日跳出江面时，仿佛心底蓄久的豪迈便都生发出来，彻底挥尽了城市的浊气。

比起哨所，小小的乌苏镇倒显得有些不值一提，因为它几乎就不能算一个镇子。大部分的渔民都住在船上，镇里只有一两户人家开着小饭店，迎接着并不多的游客。在这里住宿条件虽然简陋，但那种江边冬夜的静谧和安宁却是让人舒服的。就连刺骨的寒意，也在这种安静里增添了几许温情。

冬捕是乌苏里江漫长严寒中的一大盛景，其意义不亚于看中国最早的日出。虽然要每年“白露”前后，也就是大马哈鱼产卵繁殖的季节才可以看到大马哈鱼最多的景象，但是冬天自有冬天的好处。一个是有可能看到难得一见的“熊抓鱼”场面。对岸俄罗斯的江边森林覆盖率比我们这边高，野生动物多，保护也好。不过到了每年结冰的时候，黑熊就会跑到我国境内来觅食，它们的脖子上都有动物保护组织的跟踪项圈。饥肠辘辘的黑熊如果见到冰面上渔民凿开的冰窟窿，自然不会放过绝好的抓鱼机会，于是也可能给我们一饱眼福的机会。

这次没有碰到黑熊，只碰到了一些凿冰捕鱼的渔民。这里的冰层跟沿途的那些小河沟不同，非常坚固，恐怕用猪八戒的九齿钉耙筑下去，也就是9个白印。渔民却有办法，他们在正午阳光最强的时候，用镜子反射阳光到冰面上，让太阳为他们开一个圆洞，然后将一根长长的木竿插进洞里，这样即使到了夜晚再上冻，也始终有一个可以突破的缺口了。

早早到了江边，没想到，辛勤的渔民比太阳起得更早。“今天收获不错啊！”一位大妈正在从冰洞的网里往下摘鱼，听了我的话抬头笑笑。旁

边是她的老伴儿，在往一个大桶里装鱼。我征得了他们的同意，把桶里的鱼都铺到了冰面上，然后让老两口蹲到后面，给他们跟今天的劳动成果合个影。拍完了，大妈淳朴地笑笑说：“今天不算多呢，多的时候一天能钓七八十斤！”

旁边的大爷看我对打鱼感兴趣，一高兴就打开了话匣子。原来冬季打鱼最讲究的是选择凿冰洞的位置——天气寒冷，鱼在水里不爱动，有经验的老手才能找到鱼聚集的地方凿洞；洞的位置非常关键，冰太厚的地方不容易凿，薄的地方又容易出事故。如果找不准地方，冻一天没收获事小，万一冰层破裂、掉进河里就糟了。

“难道您有透视眼？您怎么知道哪块冰下面有鱼？”我非常好奇。

“我哪有啥透视眼！”大爷憨厚地笑着说，“我生在这儿、长在这儿，哪片水坑深浅、哪片水坑是‘鱼窝’我早就摸透了。”他还告诉我，现在他的儿女都大了，工作收入都不错，老两口并不缺钱，就是冬天闲在家里没事儿做，打鱼图个乐儿。那些要靠冬捕挣钱的人，都已经拉大网捕鱼了，这种立个十字杆、小网垂钓的乐事，也在渐渐消失。

就在我们对着欢跳的大马哈鱼发呆时，突然有人说：“看，教堂！”真的，在黑瞎子教堂上有一座俄式风格的金色尖顶小教堂，那一瞬，我们好像都听到了教堂的风铃在响。

TIPS

路况

沿进抚远城的路往回走，约20公里到浓桥路口，往东走抓吉方向，走20公里驶上水泥石板路，不久即能看到哨所。

住宿

因为小镇上只有一户常住居民，只有一个旅馆由他们管理，10月份以后就歇业了，所以冬天只能住抚远。

[DAY4] 560公里
抚远—饶河—虎林—密山—兴凯湖

路上经过饶河市的时候，有同伴儿的车出了毛病，我们趁修车的空闲时间去了趟边贸口岸。口岸的小市场真不错，咖啡、香烟，各种小玩意儿应有尽有，会不会俄语的小贩儿们都热情地跟买主讨价还价，一片繁荣。想想从前，几瓶伏特加或者威士忌就可以跟嗜酒如命的俄罗斯人换件貂皮大衣，如今当然没有这样的易物神话了。

过了饶河就进入了真正的林区，林场一个接着一个。一位生在东北的同伴儿说，从虎林到密山是小兴安岭林场最密集的地区，这里不但供给了建筑、家具、造纸等行业大量木材，而且也是蒸汽机车繁荣一时的地区之一。想想当年，小火车喷着滚滚浓烟在山间穿行，不断打破林海中的宁静，也给林场居住的人们带去外面的信息和各种生活必需品，让他们乏味的生活中多了一份期盼和向往。如今，小火车虽然已经退出了历史舞台，虎林的林和密山的山却依然在公路边存在着，并不因为交通介质的改变而生命力稍减。

尽管旅途少不了玩乐，但我们忽视不了那些历史的存在，更无法对历史的遗迹视而不见。虎林市这个原有的小镇因为有了一座侵华日军虎头要塞遗址博物馆而多了许多沉重。我默默地看着那些东北沦陷时期日伪统治下的虎头镇老照片，枪支弹药、衣物、还有虎东山那些地下遗址工事，简直无法想象当年日本人抓的劳工，是怎样一砖一瓦筑就这血泪的历史。要塞正面宽12公里，纵深30公里，由虎东山前沿阵地，虎北山侧翼阵地，猛虎山主阵地，虎西山、虎啸山后援阵地构成。地上军用机

TIPS

路况

从抚远去密山的路全程为省道，前半程是以土路为主、部分道路为水泥路和柏油路。路边村镇、山林景色动人。虎林是林场密集的地区，如果时间充裕，可进入林场多停留一天，感受一下林场工人的生活。

住宿

密山宾馆是当地最好的宾馆，标间 80 元 / 天，院内可以停下几十辆车。如果是夏天可以在兴凯湖边扎营。

场、大型火炮阵地密布；地下结构复杂，设施完备，工程浩大，有“东方马其诺防线”之称。1945 年 8 月 8 日，苏军出兵东北，8 月 15 日日军投降，虎头要塞守军拒降，战至 8 月 26 日结束。故虎头要塞成为第二次世界大战终结地。如今一切烟消云散，但东北人的那份情结，确实始终在心里挥之不去，代代相传。

从密山城去中俄边界的界湖——兴凯湖，就像到郊区去度周末一样简单，半小时就到了。这是一片水鸟成群的湿地自然保护区。远远看去，这里全然一副海的气势，细软的沙滩，天海相连，一望无际。夜晚在湖边漫步，头顶上银河如瀑，不时有流星划过。因为是冬天，不能享受在湖边扎营的乐趣，也不能体验一下凌晨 3 点被水鸟叫醒的“服务”，不过晴雪初霁的湖景更让人沉醉。

不约而同地，大家就相约夏天再来兴凯湖，因为这里虽然有一两处浴场，却几乎没有被开发，想找到原始的地方露营相当容易。春江水暖时，来湖边坐着发发呆，在沙滩上捡捡鸟的大羽毛，或者有兴致了去分辨无数鸟群中有没有珍奇的种类，那又是一次惬意的旅程。

[DAY5] 358公里

兴凯湖—密山—鸡西—牡丹江—宁安—东京城—镜泊湖

同样是湖，位于宁安市西南的镜泊湖就与兴凯湖迥然不同。镜泊湖是中国最大的典型熔岩堰塞湖，约形成于一万年前。它在历史上曾经有“忽汗海”等称谓，到明代被称为“毕尔腾湖”，意思是“水平如镜的湖”，其实跟今天的“镜泊湖”如出一辙。因为湖区清幽静谧，多年来流传着许多美丽的神话传说。

在若干摄影师的镜头里，从镜泊湖的著名景点吊水楼拍出去的水瀑奇观已远近驰名。敦不知，冬天在这里看冰瀑却另有一番滋味。尤其是这几年气候变暖，冰瀑间偶尔还有水瀑出现，就更增添了它的壮观度。

镜泊湖水瀑下的深潭真是名副其实，清平如镜，最妙的是它夏天温和，冬天不冻，

所以既是夏季优良的避暑地，又是冬天难得的观水景区。整个湖区形如蝴蝶，湖岸多港湾，湖中大小岛屿星罗棋布，最著名的当然还是吊水楼瀑布，它的落差高达20米，丰水期时水帘横空，如飞珠碎玉，景色十分宜人。我们到的时候正是黄昏，巨大的冰瀑中间有流水潺潺，一时竟分不清是夏是冬，只觉得满目水光潋滟，心中充满意趣了。

踏上张广才岭东南坡，沿着山路上行，登上火山顶时，眼前会突然出现一个个硕大的火山口。据科学家考察得知，经千万年沧桑变化，大约一万年前的火山爆发，形成了低陷的奇特罕见的“地下森林”，故称火山口原始森林。这些火山口由东北向西南分布，在长40公里、宽5公里的狭长形地带上，共有10个。它们的直径在400米至550米之间，深在100米至200米之间。其中以3号火山口为最大，直径达550米，深达200米。

等我们告别了镜泊湖的清晨，东北的年味儿已经越来越浓了。回程的车上没有多少土特产，却载满了淡淡的温情。忽然就想起了儿时的教科书上说雪地里的麦苗，像“盖上了一床厚厚的被子，暖暖的。”那就是我最真的感受了。

TIPS

路况

回到密山后，再转向鸡西方向，国道上偶尔有修路的路段，需要下道行驶，不影响通行。进入宁安和东京城区路况有些乱，注意躲避行人。

住宿：镜泊湖周边的度假村冬季一般都歇业，可以住东京城的东林宾馆，标间120元/天。

美食

镜泊湖周边没有特别好的餐馆，可以体会一下农家风味，回铁岭的路上过蛟河市约19公里可以到庆岭，国道边就是著名的“活鱼一条街”，全国闻名。此地冷水鱼远比其他地方的同类鱼味道鲜美。

PHOTOGRAPH

行摄专辑

且自驾且拍照，这是行摄最初级的定义。对于热衷于公路影像的摄影师来说，公路便如一面明镜，踏实地反映一切与公路相关的色调——远山如黛，碧空如洗，湖蓝泛青，新芽吐绿，残阳如血，沙漠昏黄……除了大自然的原色，还有少女鬓边的小雏菊、汉子头上的英雄巾、婆婆手中的花围腰、孩子腕上的五色丝……如果说路边可以演绎生活的一幕幕片段，那么公路就像是一卷卷未开封的电影胶片，路在脚下延伸，生活便被一点点录制。

黄昏，在双龙桥的明清建筑里怀恋旧时光；
清晨，领略建水老井边的琴音悠扬；
长街宴罢，去感受彝家祭火的原始信仰；
老虎嘴口，去守候那一抹似从水底升腾的夕阳；
无论是原住民的豪爽，还是水浸梯田的婉约，
造物者在这里的随意挥毫，每一笔点染，都化成一派水墨滇南好风光……

"百节年为首"。古风习习的福建连城，客家人在过年期间极尽隆重与狂欢，让大都市的繁华黯然失色。在这里，先辈们的梦幻和欲望，经过岁月的剥落和蒸发，依旧显影于培田古村的石子路上，孩子们的鲤鱼灯里，青岩河上云龙桥数百年寂静的守望中。仿佛先民强悍的高歌和呐喊，穿越历史风云，在欢腾的走古事、游大龙、傀儡戏和连城拳中回响。国道205线串起来这些明珠般的古村落，也串起了红红火火的客家正月。

闽西客家年

水墨元阳

G205

闽西客家年

撰文＿**余星瑶**　摄影＿**王牧**

“百节年为首”。古风习习的福建连城，客家人在过年期间极尽隆重与狂欢，让大都市的繁华黯然失色。在这里，先辈们的梦幻和欲望，经过岁月的剥落和蒸发，依旧显影于培田古村的石子路上，孩子们的鲤鱼灯里，青岩河上云龙桥数百年寂静的守望中。仿佛先民强悍的高歌和呐喊，穿越历史风云，在欢腾的走古事、游大龙、傀儡戏和连城拳中回响。国道205线串起来这些明珠般的古村落，也串起了红红火火的客家正月。

培田古村落中，玩耍的孩子和路人

四堡的雕版印刷远近闻名，在雕版印刷博物馆的屋檐上看到精美的雕刻

有着八百多年历史的培田古村落，当是所谓“民居”最好的表达方式之一。

她位于连城县宣和乡。从连城县城出发，驱车上高速公路，向西北方向行驶，30分钟后，由三十余栋明清时建造的华屋、21座宗祠、6所书院、一条千米古街、两座圣赐跨街牌坊、5座庵庙道观构成的7万平方米古民居建筑群的宏大叙事，呈现眼前。

培田古村落的选址建造，与周易风水学说中的村落选址原则极为一致。它西倚松毛岭，东仰笔架山，北踞太平岭、平峰山、雷公崇三座大山，其间蜿蜒流出3条溪水，分别自西北至东北汇聚到村东，然后环绕到村南向邻村流去。村内古民居群均以西边山体为后龙，主厅面迎东山旭日，大门稍与溪流相逆水，以此得“纳财得福，北朝天子”之灵气。“九厅十八井”建筑群与土楼、围龙屋、吊脚楼、徽派民居齐名，有着“辉煌的客家庄园”之誉。

沿着石板小道走进村口，一座巍峨的牌坊屹立道口，石牌楼上光绪皇帝御赐的“恩荣”二字，似乎在昭示着这座古村落曾经“不论文官武将至此，文官下轿，武官下马，一律步

连城县县城中老民居的大门

行”的荣耀。

沿路前行，连片的青瓦，高高的灰墙，一个个飞檐跃角的庄严门楼逐次映入眼帘。“三台拱瑞”横书在飞檐雕拱的大门门楣上，分明在告诉我们此处乃吉星高照的所在。门联为：“水如环带山如笔，家有藏书垅有田。”大门门楣横书“大夫第”，更显此处人杰地灵，儒雅富贵。

《礼记·月令》里说：“中央土，其祀中溜，祭先心。”祭祀神仙的地方应该安置在房屋的中央，即房屋的中轴线上，正位上的神仙才能保证家人在正道上发家致富。而宋元时期从中原迁移至此的客家人，在房屋中央的墙上挂着祖先的像式家谱，让祖辈们肩负起了只有神仙才能胜任的职责。这不仅表示出客家人对祖先的无比崇敬与缅怀，更是对克服重重艰辛，移居客地，以务工农商建基立业，以学文习武进取功名的先辈们的深深敬仰。

穿过那条仅能容下一匹马行走，在两座大宅之间泛着光的石头铺成的小路，就来到了横贯全村的千米古街。培田曾是古时官道上的驿站，汀州（今长汀）、莲城（今连城）在这里分叉，这条街也就成了当时人们的必经之路。街的两边，民居、商铺、祠堂、书院，自始祖祠至“石背角”，沿线仅店面在鼎盛时期就有48家。漫步古街依然能忆起万福来客栈、大通公司、早珍号纸庄、振华新布店、仁和堂药铺、三角店肉铺、尚有理发店、豆腐作坊、轿行、银库、钱庄，往来如织的人群，不绝于耳的喧嚣，昔日繁华的胜景仿佛依旧触手可及。至今仍镌刻在古街一户人家门两侧的对联，“庭中兰蕙秀，户外世尘嚣”，为清邮传部主事项朝钦所作。走在今天的古街上，我们仍然能与保存完好的23间古店相遇。

在电视节目《非诚勿扰》开始曲的音乐里，伴随着欢快的脚步声，两个肩上挑着无盖木盒子的青年男子从我们身前经过。木盒里放着3个盘子，3个盘子里分别盛放着鸡一只、鱼一条、猪五花肉四四方方一坨。客家的后人要去祭祀他们的祖先，这是春节里必备的仪式。按照世家的先后，走到各房先人的堂屋，在牌位前放下木盒，取出祭品，供于桌上，上香作揖，敬酒三杯。再将祭品收回木盒，两人起挑，再奔走于下一位先人的牌位之前。

那当下的音乐声一直伴随着年轻后生的脚步和整个仪式过程。高高在上的先辈们，在春节里，不仅能看到一个个常年在外工作的后辈，更是能在他们的步履节奏间，与时俱进，彼此同乐。

跟随着这对年轻后生的脚步，我们来到了吴金崇老人的家里。堂屋里78岁的老先生正描画着鲤鱼灯，鲤鱼灯的制作主要以竹篾铁线为内部结构框架，外部糊上纸或布作为表面材料，表面的颜色一般以红色为主，有些辅以黄、橙、绿、蓝等颜色，以金色、绿色等装饰鱼鳞、鱼尾、鱼头等部位，

正月十三前后，连城培田古村落中，一个老人正在画龙灯

每年正月十五下午，姑田游大龙活动正式开始，田野中的小路上，游龙队伍浩浩荡荡地走来，这个场景是整个正月连城活动的高潮

再用竹竿支撑在鲤鱼的腹部位置，一人一灯，常常与游龙活动一起进行，上下起伏，活灵活现。据史料记载，鲤鱼灯是清朝康熙辛丑进士杨赞绪从陕西带回客家地区的民间艺术，距今已有200多年的历史。客家人把鲤鱼看作是吉祥、幸福的象征，用舞动鲤鱼来迎新春、贺新岁、闹元宵，对新的一年寄予美好希望。每年春节时，由各房的老人制作装点好鲤鱼灯、大龙。在元宵节的那天，由本房身强力壮的年轻汉子们沿着村庄游走为来年祈福。大龙已经装点完毕，静静地卧在大门旁，等待着元宵佳节一跃冲天。

姑田“游大龙”

在连城的东部，有一个被称为“金姑田”的姑田镇，是龙的故乡，历史最悠久，规模最盛大，仪式最隆重的游大龙活动非这里莫属。

据考证，姑田镇的游龙是下堡村邓屋邓恭所引进。明朝万历年间，邓恭的哥哥，邓氏八世祖邓应在潮州府做检校，邓恭携子孙到潮州探望哥哥时，看到了舞龙，兴叹不已之余将龙画成了图样，带回姑田仿制并于元宵节期间首次游龙。村民们欢天喜地，家家门前点燃松明，放着鞭炮迎接游龙的到来，中国文化里龙是祥瑞之物，“龙游大地，喜到人间”。

要说姑田的大龙，就不得不从“金姑田”的由来开始说起。连城县姑田镇历史上以“纸业之乡”闻名。这里有近八万亩毛竹林，早在明、清时期就有400多个纸业生产作坊，加上从事砍青备料和加工天然漂白原料的劳动力，包括老幼男女，不下万人之众。每年生产连城宣纸、连史纸达五万余担，畅销海内外。因此，姑田成了商贾云集之地，粤东长驻纸庄经营的就有50家，同时还有众多往来作纸生意的客户。纸业的发达，经济的繁荣，制作大龙便有足够的基础。

姑田大龙以竹为筋骨，竹制宣纸为皮肉。其扎制技术是

姑田游大龙的活动从下午一直持续到晚上，夜幕下游龙队伍仍然在走街串巷

历代相传的，扎制过程由备龙板、备筋骨、裱糊、绘制等15道工序组成。大龙的筋骨是用竹篾制成，长形篾条为筋，篾条制成圆圈为骨。龙骨扎好之后，将搓皱的宣纸糊在龙骨上，这样遇到太阳暴晒或是运动时不易破裂，裱糊龙头龙尾各用宣纸50张，龙腰（每节龙身）20张。

据说当时的龙，短小精干，龙身的直径只有不到半米，长度只有二十余节。富足的姑田人，在经过多次的改进之后，在清朝乾隆年间，才基本将大龙定型，制式相承沿袭至今。现在的龙头高度为2.4米、长7米，龙身直径0.8米、高2米、长4米。今年的大龙，有108节龙身。龙口大张，龙舌直径1米，内含有直径0.6米的大红龙珠一枚，大有气吞山河，威震八方之势。

日月更替，今日姑田生产连城宣纸和连史纸的古老技艺已成为非物质文化遗产的保护项目。45岁的非遗传人，邓金坤先生的“美玉堂”里依然秉承传统工艺制造这给培田带来辉煌与荣耀的纸张。这些宣纸也是制作大龙“龙肉”部分必需的材料。

制作龙头和龙尾历来由村里江、华两家各房轮值。今年轮到江氏一族。正月十二，江氏的老宅里扎龙人江修源先生正在对龙头进行细部的雕琢，虽忙碌但肃静，参与扎龙工作的人们眼神里流露出崇敬。龙腰部分由此房其他江氏族人制作。制作的过程中尚且如此，祭龙时将会是何等的场景？

祖先崇拜，在客家人中根深蒂固，人们在宗祠宗族的牌位前祈求祖先英灵保佑家道兴旺、人畜平安。制作龙身，排序游龙这样严肃的决定自然要在宗祠里，祖先的监督下进行。抽签由族里德高望重的长老们主持，在红纸上用毛笔写下序号，第一轮抽签抽出的是各家第二轮抽签的顺序，依此顺序，人们开始依次进行第二轮的抽签；第二轮抽出的则是制作和擎龙身的排序，“2”就是紧接着龙头的那一节，以此类推。今年有108节龙身，通过这样

正月十四，培田古村落中，一个小女孩手举鱼灯走过

的规则，公平排出顺序。大家都不愿抽到2，因为紧跟着龙头，擎龙的男子们易被巍峨的龙头挡住，而且不能根据自己的喜好摆动龙身，只能紧跟龙头。

正月十五下午两点，三声神铳之后，古老而隆重的祭祀龙仪式开始。地点在担任制作龙头、龙尾族人的老屋。老屋是族人最早长辈居住的房子，因为有了他们当年的不畏艰辛，今日才能枝繁叶茂。

仪式由村里同宗同房的人户联合举行，祭祀时要准备一头膘肥体健的大猪，族长老在念诵祭龙经文之后，宰杀，祭祖、祭龙。锣鼓声起，唢呐音涌，刀起血喷，接血洒龙，手扬起来，一圈，再一圈。滚烫的鲜血附着在龙头上，红色融进宣纸，渲染开来。沉寂的龙头，霎时鲜活。

礼成，八名壮汉，抬起龙头，一人看路，三人擎龙，四人从四面拽住龙头，保持平衡，并减轻擎龙者的负担。制作龙身体的各家各户，将龙身按照顺序跟随龙头之后，每节龙身至少需要两名后生方能胜任，节与节之间用小竹制作的长2米的龙棍穿插洞中，将龙连接起来。龙棍的下端放在用牛皮制成的“插袋”里，“插袋”绑在后生们的腰上，为耗时数小时的游龙节省了力气。

这大龙，蜿蜒于乡间村野，或穿行大街小巷，浩浩荡荡，气势恢宏。一路上男女老少趋之若鹜，远观的，紧紧相随的，游龙的队伍越来越壮大，长达数里。所经过的人家，户户门前燃放松明、敬香、点烛、摆供果、放炮竹、燃礼花，都只为“请龙进屋，接福进家，风调雨顺，人丁兴旺，五谷丰登”。

夜晚来临，大龙游到了村里的大道，整个村子都欢腾起来，炮竹礼花，绵延怒放，松明的烟火味道，升腾出烟的缭绕，烛的闪烁，后生的开怀，老人的微笑……这是金姑田的胜景。

九厅十八井

九厅指门楼、下厅、中厅、上厅、楼上、楼下、左花、右花、天厅等九个正向大厅，十八井包括五进厅的五井、横屋两直各五井、楼背厅三井。其厅、井布局科学合理，各厅各有功用。上厅供祭祀、族长议事，中厅接官议政，偏厅接客会友，楼厅藏书课子，厢房横屋起居炊沐，家族聚居，集政、经、居、教于一体。“九厅十八井”设计构思秉承“先后有序、主次有别”的传统观念，纵主横次、厅、厢配套，主体、附房分离，通风、采光、排水、卫生，连同子孙的发展都纳入规划之中。

士绅吴昌同的大宅坐西向东，占地7200余平方米。从1884年开始，他携4个儿子经过11年的时间建造而成。族谱记载：“集十余家之基业，萃十余山之树木，费二三万元巨资，成百余间之广厦。”这“聚族而居，五代同堂”的大屋，迄今仍是培田保存最完美、最大的宅院。

吴昌同号一亭，以乐善好施而声名远扬，得朝廷封赠，享奉直大夫、昭武大夫之殊荣，因此其宅院尊号“大夫第”。这座大宅是客家特色建筑“九厅十八井”的经典构建，对外封闭，内部明亮，畅通无阻，体现出安居乐业、合族团圆、万代兴隆、颐养闲适的建筑理念。

连城古田会议的旧址在一处颇具特色的民居中，夕阳西下，游客的影子被拖得很长

迈入“三台拱瑞”门楼，一个四四方方的大雨坪展示在眼前，雨坪后方就是正房大屋。正房大屋位居中央，是待客吃饭的场所，主墙上悬挂着宗族的名号和先祖们的牌位。其他的房间以此为中轴对称布局，厅与庭院结合构建。此屋不似衍庆堂、官厅、双灼堂、敦朴堂等培田建筑那样严格对称，它多了两列横屋（厢房），形成了五列四进结构，但它仍然符合中国古代建筑群体布局的特征：以院子为中心，有显著的中轴线，在线上布置主要的建筑物，院子四面布置建筑物，每个建筑物的正面都面向院子，并在这一面设门窗。这样的设计，遵循了祖宗“先后有序，主次有别”的建制要求，形成了丰富的空间序列。

这种建筑的特征是以祠堂为中心，形成强烈的向心力，强调了宗族制度的至高无上。在这座大宅里居住的并不是一个同居共财的大家庭，而是多个同宗同祖的小家庭，形成了同居不共财的生活模式。

罗坊“走古事”

连城的北部，有一个叫做罗坊的乡镇。古时“坊”与“里”都是行政区名称，只不过前者

正月十五上午，连城罗坊走古事活动一开始，七台古事陆续从村中祠堂列队出发，鱼贯经过古村落中的巷弄

在城里，后者在乡村。可见罗坊一带古时就是个城邦。

“走古事”，出七棚（棚，为扮演古事的一个轿台），村里的每个房族出一棚。每棚古事由各房族挑选两个身体健壮、胆量大的九岁左右的男童，模拟故事中的人物，化妆脸谱，身着戏袍，一个扮主角，一个扮护将。扮主角的男童直立在古事棚一根高高的铁杆上，脚面和铁杆支撑处呈平行位置，接触面仅为竖贯两只脚中间5厘米宽的铁片。乍一望去如踩高跷，但戏袍内，孩子的腰身是用铁圈固定住的，半座于上，身子周边缠着纱布，防止受伤。古事走起来时，七棚的主角，在离地面3米高处，戏服飘摇，左摇右晃，惊心动魄。扮护将的男孩坐在一座方形木框架的轿台上，手托着主公。轿台由木柱镶成方形框架，四周饰上精美的画屏，两根轿杆，每棚古事高达4米，重约四百余斤，须用66个壮汉组成的抬夫分成3班，每班22人轮换抬着巡游。

第一棚由一名扮主角天官，一名扮护官的武将。而后每棚依次扮李世民、薛仁贵；刘邦、樊哙；杨六郎、杨宗保；高贞、梅文忠；刘备、孔明；周瑜、甘霖。在走古事的全程中，除了第一棚头戴如意翅丞相帽，五绺长髯，身穿绣龙红

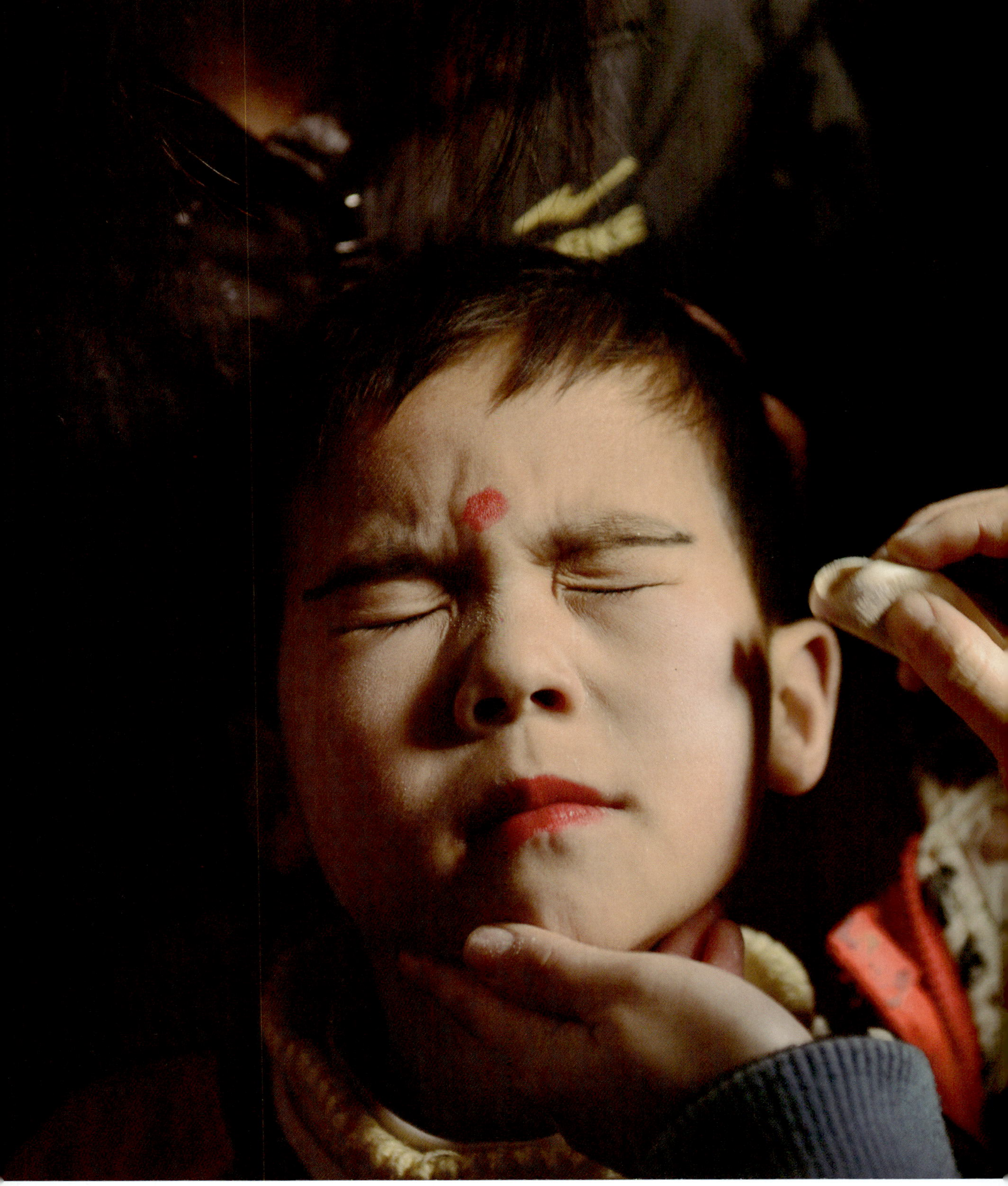

正月十五上午，走古事的活动还未开始，参加的孩子正在自己家中化妆

袍，扎玉带，怀抱如意的“天官”是不能超越的，其他的各棚均可争先恐后：位置超越了原先的排序就预示着此棚本房这一年将愈发的吉利兴旺。从这样的人物关系设定上，我们不难看出，客家人崇尚天人合一和自强不息的精神风貌。

通往罗氏宗祠必经之路的巷子里，今年 8 岁的罗文林第一次被选中在古事棚上扮演主角。今年罗文林家这一族，抽签抽到第四，所以罗文林扮演第四棚故事的主角“杨六郎”。屋子里早早地就喧闹起来。女人们做好了七十余人的饭菜，此棚抬古事的汉子们随到随吃，罗文林也被叫了起来，开始由族人们装扮。罗宝太，今年 29 岁，已经有抬古事棚十余年的经历。他告诉我们，每年初三、初四开始，抬“古事”的男丁们就要上山锻炼脚力，初十开始吃斋，一直吃到走古事完成。正月十三晚，沐浴更新衣。十四、十五走古事。能在走古事中担当任何角色都是家中的荣耀。在外打工的后生们，可以不回家过年，但一定要回家走古事！此刻装扮得差不多了的罗文林，脸上倦意已退，竟然有些肃穆的表情浮出。

“走古事”即走古代的故事。据传，昔日罗坊常闹旱、涝两灾，当地罗氏十四世祖清朝举人才徵，曾任陕西宁州知府、湖南武陵知县，卸任返梓后就把流传在湖南的走古事移授乡梓，以祈风调雨顺，国泰民安。这种具有娱乐性质的民间祭祀活动自此代代相传。

神铳响，炮竹炸，抬首的瞬间，一棚古事已呼啸而过，嘎然而止于罗氏宗祠的院子里。宗族牌位之前，带头的汉子敬香、祈祷之后集体作揖，呼喊声起，绝尘而去。这是正式开始"走古事"之前都必须在祠堂举行的仪式，而后集结村中心广场，年度盛事即刻上演。

村中心广场在罗坊的屋背山坪。此时，屋背山坪早已彩旗飘扬，人山人海。三太祖菩萨轿、万民宝伞、花蓬、彩旗、十番乐队，在广场中心，虔诚的人们在此烧香祷拜。

上午11时许，鸣五响神铳为号，"走古事"正式开始。说是走，实则奔跑。在约400米的椭圆形跑道上，七棚古事激烈奔走，左三圈右三圈，你追我赶，尘土飞扬。广场中心安静地烧香祷拜，古乐声长，和围着它转圈奔跑，群情激奋的"走古事"构成了一幅动静相宜的景致。

最让人震撼的"走古事"场景，正月十五会在云龙桥下继续上演。

云龙桥位于连城县罗坊乡下罗村，始建于明崇祯七年，距今已有379年的历史。云龙桥是一座典型的伸臂式石墩覆瓦木梁桥，桥身呈褐色，桥面铺鹅卵石，桥屋两侧设木护栏、坐凳。抬梁式木构架，穿榫连接，不用栓钉。斗拱雕饰莲花状花样，廊顶椽板密铺，青瓦覆盖。在桥廊中间突起一座飞檐翘角的六角攒尖顶阁楼，第二层称"文昌阁"，第三层称"魁星阁"。因遇时令变化，常有云雾缭绕于古桥间，桥如蛟龙腾云，得名"云龙桥"。

正月十五，正午。

天官领路，其他"古事"六棚紧随，菩萨轿、万民宝伞、彩旗、十番乐队，一路鸣铳，数以万计的乡民、游客簇拥着，"古事"列队从云龙桥走下青

走古事活动的高潮是众人抬着七棚古事从河中涉水跑过

岩河河滩，走古事高潮部分，“古事水上走”开始了。

云龙桥下的河水深约一米，鼓乐队先泼水透湿，神铳三响，“走……”老者一声口令，古事棚蜂拥下河。分别写着“忠和礼义仁智信”的七座古事棚展开激烈竞争，逆水而行，浪花飞溅。除领路的天宫棚不能超越之外，以后棚超过前棚为吉利。所以抬者拼力相争，不顾天寒水深、河石苔滑，跌倒了再爬起，情绪异常高昂，4米之高的七棚主角们，时而左右摇晃，时而上下颠簸，似要从高处倒下，看得人惊心动魄。此时，河两岸、桥上下早已挤满了人，欢呼声、叫好声，此起彼伏。河里奔走的人们更为忘我卖力，直到河边方台而止，“走古事”结束。

千百年来，客家人在由北向南的长途跋涉和频繁的迁徙中创造和保留了古老汉民族固有的优秀文化传统和风俗。绚丽多姿的文化、独特的民俗风情无一不在向后人描述昔日的艰辛，感叹先辈的顽强。

“傀儡戏”和连城拳

经过了罗坊的热烈，回到隽秀的县城，热闹的北大街上人潮涌动，挪动到老街的位置人群似乎停滞住了，头统一地探往一个方向。嗓音清纯洪亮，行腔雄浑舒展的闽西汉剧唱腔涌出人潮，在喧闹的大年夜空旋绕。那里正上演木偶戏，当地人也叫它傀儡戏。

木偶戏的演出活动，正如艺人们所说：“是从儒、释、道三教中借饭吃。”与民间的传统节日庆典和祭祠墓、酬神灵、安龙打醮、驱邪除秽等民俗活动等紧密相关，使其形成对民间习俗的依存性特征。

木偶戏在客家地区流传较早，已有四百多年的历史。上世纪50年代著名的木偶表演艺术大师、连城人徐传华，曾受邀进入中南海怀仁堂作专场演出。

已花甲之年的李明卿是徐传华的关门弟子，他不仅继承了徐老道白清晰、唱腔柔润的“嘴上功夫”，还将徐老六十年木偶表演的结晶“稳、准、狠”的提线功发展到了一个崭新的高度。在除了揉鞭、揉棍、背人、脱衣、钉刀枪、打五彩、抢人头、弄蛇、舞狮、钻火圈、口中喷火等表演特技让之外，李明卿还创造了让重八斤，身高两尺五寸，25条偶线操作木偶书写书法的绝活，并获得了世界吉尼斯之最证书。这个会写中国书法的木偶像极了李明卿先生，李明卿先生叫他：李明。李明还有一个“同胞兄弟”叫做李卿，李卿也拥有独门秘笈，他会拉琴。

76岁的黄奎祥老人是非物质文化遗产“连城拳”传承人。黄老先生是6岁习武，多次在全国武术大赛中取得荣誉，“连城拳”的命名也和黄老先生有着密不可分的关系。

连城习武之风盛行，自宋以来就武馆遍布，习武成风，

正月十五晚上，连城县城内，木偶剧团正在街头开演

连城拳是南拳的一个重要的分支门派，这位是连城拳的创始人

历代由武艺进取功名者甚多，并形成了风格独特的连城拳。“连城拳”又称“连城少林拳”或“少林独门拳”，内可分“黄家拳”和“巫家拳”两种。据《连城县志》载，仅明、清两代，连城县就有144人考取武举人，8人考取武进士。

1957年4月，龙岩地区武术观摩赛在连城县城关举行，连城县武术代表队获团体总分第一名。20岁的黄奎祥被挑选进入省武术队集训，为参加全国赛做准备。在训练期间教练找到黄奎祥询问其套路的名称，黄奎祥想了想说“连城拳”，从此“连城拳”一名被记载。黄奎祥也自此踏上了“连城拳”的传播、保护与传承之路。

正月十二，在连城县城举办连城拳演武大会，隔川乡、林坊乡、罗坊乡、县城实验小学等代表队参加；每年正月二十，“天穿日”（源于古代女娲补天传说，为客家人感念女娲补天相助的特殊节日）在隔田村黄氏宗祠门前会搭台比武，隔川乡13个自然村，每村都有1至2个武团参加。这延续了百年的“天穿胜会”，是一年一度的“连城拳”检阅日。凡习武者均可自愿上擂台比试。

黄氏祠堂里，黄老先生已经记不清曾在这里传授和指导过多少后生们习武。黄老先生与普遍记忆中的习武之人有很大区别，和风细雨，守静安然。可老先生为我们展示拳法时，勇猛矫健的身姿，将“连城拳”身活步健，运手莫测，进如猛虎出山，退似猫儿戏鼠，拳势猛烈，吞三分、吐三尺，门户紧，来势凶，防守严密，前后兼顾，进退有法、子午中正，步隐腿快，肩灵拳活，腰拧劲发，肘手连攻，轻而不浮，沉而不僵、兼南北二家之长，把既舒展又凌厉的特点表现得淋漓尽致。

水墨元阳

黄昏，在双龙桥的明清建筑里怀恋旧时光；

清晨，领略建水老井边的琴音悠扬；

长街宴罢，去感受彝家祭火的原始信仰；

老虎嘴口，去守候那一抹似从水底升腾的夕阳；

无论是原住民的豪爽，还是水浸梯田的婉约，

造物者在这里的随意挥毫，每一笔点染，都化成一派水墨滇南好风光……

撰文 / **马明**　摄影 / **李志雄、王水林**

◆去元阳的常规路线：

从昆明出发，走渝昆高速公路的联络线昆玉高速公路（编号 G8511），经呈贡到玉溪出口下高速，沿省道 319 线经通海到建水，然后沿省道 103 线可直达元阳，全程 276 公里。

这条路线比较省时，路况也非常好，但美中不足的是会错过宜良九乡、石林、弥勒温泉和彝族山乡的各种风情，少了很多乐趣。

◆昆明—元阳—昆明 DIY 路线

从昆明出发，走广昆高速公路的昆石高速公路段，经过云南著名的稻作之乡宜良，到鬼斧神工的石林看大自然造化之奇，可以在石林午餐，享用一下热热的石林汤锅和著名的油炸鸡枞。另外也可以顺道在石林买一些乳饼当干粮带上路。

从石林再上昆石高速公路，在红河 / 文山出口下高速，转到国道 326 线，再行驶 50 多公里到弥勒。弥勒是个小县城，但却四通八达。往南走过蒙自、河口半天多点儿就能出国到越南的沙巴去度假。往东南方向走半天可达普者黑去撒野。就是县城以北 10 公里的西一镇，每年的阿细跳月，跳得遮天蔽日，县城以西 20 多公里的西一镇起飞村、红万村每年的祭火，都是让人心跳加速流连忘返的地方。

从弥勒再上国道 326 线，奔开远方向，行约 109 公里转上省道 212 线，过仙人洞隧道，上县道 102 线，经过个旧就能到元阳的一个乡镇——新街镇。

在新街镇可感觉不到哀牢山的哈尼梯田气势，必须要沿着县道去元阳的老县城——胜村。胜村没有什么大酒店，要想离拍摄点住得近一些只能在胜村找一家小旅馆对付一下，好处是不用在伸手不见五指的凌晨 4 点左右开两个小时车到拍摄点。从胜村到元阳梯田的两大著名拍摄点多依树和老虎嘴都只要半个小时的车程。

在元阳一饱观赏水墨梯田的眼福之后，从省道 214 线返程到建水古镇，建水古镇虽然不像大理、丽江、凤凰那样保留了完整的明清老街，但是却很安逸，没有浓重的商业气氛，也没有那么多游客。不用太赶时间，一个黄昏就可以去双龙桥看看明清时期的滇南古民居，一个清晨就可以再领略一下晨光中的建水老井和悠扬琴音。

之后从建水古镇就可以继续走省道 214 线到玉溪的通海镇，然后上昆玉高速公路返回昆明。

第一天【142公里】
昆明—宜良—石林—弥勒

从昆明去元阳可以走两条路，一条是老路，走弥勒、开远、个旧；一条是新路，直接奔玉溪。我不想走重复的路线，于是就选择了老路去，新路回。而且我们知道这次的路颇不平坦，所以就没有开自己的车下去，而是在昆明租了一辆带当地司机的车。9 座的商务旅行车，讲好了 1500 元 / 天，要负担司机沿途的食宿。

弥勒是红河彝族哈尼族自治州的一个县级市，在弥勒一定要停一站是为了去县城以西 20 多公里的弥勒西山。弥勒西山是阿细人最主要的聚居区，阿细是彝族的一支，约 17 万人，

主要居住在云南弥勒、路南、泸西、邱北、砚山、文山、华宁和昆明等市县。传说远古的阿细部落没有火，一位被称为“木邓”的先祖在古木上钻木得火，使他们脱离了茹毛饮血的原始生活，并熔出铁水制成了铁器。于是，“木邓”被尊为火神，阿细人也自称火神的后裔传人。神秘的祭火仪式已经流传了千年，每年农历的二月初三，他们都要举行隆重的祭火活动，重温钻木取火的过程，并祈求火神保佑村寨平安、子孙繁衍、日子红火。

阿细人祭火的风俗在弥勒西山保存得最完整，其中又以西一镇的起飞村和红万村最为典型，不过红万村的仪式正好在立春，起飞村的仪式却是在立春前一个星期，我们到弥勒时是二月初二，立春前一天，所以只能直奔红万村了。还没进村，就看到一队阿细汉子弹着大三弦，跳着整齐的舞蹈，在村口迎接我们了。彝家人都能歌善舞，阿细人更是其中的佼佼者，他们素来以规模很大的群舞著名。村口有一座由松柏装饰起来的大门，上面横挂着两排捆成交叉形用以驱魔的木门，门口用一排点燃的柴禾挡住道路。这叫火门，外来参加祭火节的宾客要进村就必须从火上迈或跳过去，这意味着邪恶的东西被挡在了门外。因为第二天就要祭火，这时村里人都纷纷做着准备。村里的巧

TIPS

气候：

这条路线大部分在云南红河哈尼族彝族自治州境内，属于亚热带高原季风气候，年平均气温在15℃～22.6℃。气温依次由元阳、建水、蒙自、河口逐渐升高。真是服了元阳的天气，绝对一天好几变，常常又一连几天大雾弥漫，伸手不见五指。想看梯田真容可要有点儿耐心。

最佳自驾季节：

3～4月，9～11月是比较适合自驾车的时候，雨量不太大，道路不是特别泥泞，但是要想看元阳梯田的胜景最好的时间是在春节前后，1月底2月初哈尼人开始给梯田放水，水光潋滟才能体现出梯田的线条和光影。

自驾时间：

来回路程一般以四五天为宜，但是要想看元阳梯田可能要一连在那里等上好几天，所以走这条线还是多准备一些时间比较好。

TIPS

路线提示:

这条路虽然很多地方路况很差，去看梯田每天都得从陡峭的山路上颠簸而行，但是那让世人震惊的梯田奇观确实举世罕见，非常值得去冒险。除了元阳梯田，建水和弥勒还是非常休闲而且奢华的旅程，也能弥补在元阳的食宿缺憾。

红河州的路况复杂，不适合自己开车过去，最好是租车带当地司机，而且有些地段越野车还不如国产的中巴车，所以建议一辆十一座的中巴车不超过 6 个人为宜，人多了没有地方放行李和摄影器材，反为不美。

摄影提示:

梯田拍摄指南：早晨是以多依树为主要拍摄点，向周边辐射还有几个小寨子，都在 18 公里的路程内；中午可以到离胜村很近的坝达、茶场一带；下午主要是老虎口，稍远一些，开车要一个多小时。

建水看井路线：建水古城虽小，设施却很全，有那种可容 10 个人乘坐的观光马车，出了建新街口的牌坊下面就可以看到。租一辆马车去看老井，别有一番味道。不过要注意的是，西门井所在的小巷比较窄，观光马车过不去，如果要图方便，也可以租辆三轮车长驱直入。

手匠人在画面具，扎纸质的火神像。面具的样子都很古怪，不同于任何一种剧种的脸谱，表情匪夷所思。火神身高丈二，披发獠牙，面相甚是凶恶，但他手中的火种却为人们带来了无限的希望。

转天早晨，男人化妆，女人摆宴。她们用竹筐盛着前几天从山上采摘来的松针，均匀地铺洒在村中最长的土路上，绵延三五百米，这是为长街宴布置的奇异的“餐桌”。前一天在毕龙树下宰杀的肥猪，已经被做成了无数道冒着浓香的菜肴端了上来。最诱人的是彝家最传统的食物——砣砣肉，大块儿炖得烂烂的猪肉，看上去就说不出地红火。

长街宴吃罢，真正的祭火就要开始了。在毕摩的带领下，祭火的队伍吹响了牛角号，敲响了芒锣，两人举着刀树（将十余把木刀用草绳捆绑成一排，两边用竹竿挑起，用于镇妖驱魔）在队伍前开路，新取的火种放在火盆中，由两人抬着，后面跟着火神像，祭火的队伍要穿街过巷，把火种传递给每个家庭，行至各家门前，家家户户都要前来取走新的火种，并将一小块猪油渣作

为贡品放入火盆中，寓意取回新火种，送除瘟神，再由毕摩等人送出村外。 队伍时走时停，很多人自发地参与进来，跟在火神像后面化了妆的男人越来越多……太阳偏西，祭火的队伍已经绕遍了全村，每家每户都取了新的火种，队伍又来到村中的广场。人们点起火，把手中的木制武器纷纷扔进火中。象征现代人的男女老幼，身穿节日盛装，吹起了欢乐的笛子，弹起了手中的三弦、四弦，拉起二胡，奏起了响竹篾，拍起了巴掌尽情地跳舞歌唱。跳着跳着，不时有人从火上跳过，掀起一个又一个高潮，我们可以看到近乎于全裸的人们纵情地宣泄着对生命真谛的原始感受……

第二天【244公里】弥勒—开远—个旧—元阳

看过祭火，又在弥勒县城泡了半宿温泉，觉得每个毛孔都舒展开了，吃过午餐便赶到元阳县的新街镇。滇南这条线的尽头是元阳，我们放弃了途中的美景一路赶过去，只为了不错过那与多依树、坝达、老虎口的一次约会。水田中的每一缕朝霞或晚晕，那人工的大地褶皱上形成的每一种光影组合，那样的自然灵性，我们自然一刻也不能耽搁。

到元阳的时候已是下午，果然是漫天大雾，小小的元阳县城几乎都被笼罩在一片氤氲中，能见度只有不到两米。这样的天气可以见到传说中的元阳梯田吗？司机小杨却胸有成竹地说：“走吧，再晚可能没位置了。”多依树梯田是要早晨拍摄，于是我们便先去了下午的拍摄点——老虎嘴。

老虎嘴本来不是一个地名，只是公路边的一个弯，后来人们用这里能看到的梯田形

状给了它这个形象的名字。这里的观景台十分窄小，仍然是浓浓的雾来迎接我们，角架几乎已无立锥之地，我们没办法，拉着当地人聊起来，很快被领到观景台下一块儿松松的土台上。原来，那也是农民开好的梯田，见来的摄影师多了，索性拿出来做拍摄位置用，摆个小板凳，收一点点钱。

夕阳没有辜负众人的苦苦守候，将近17点的时候，跃动着从水底一下升腾了起来，掠过粼粼的波光水影，柔柔地漫上了四周的山腰。一个仿佛用描染手法绘就的马头赫然出现在山谷里。可是，老虎在哪儿呢？旁边一个哈尼小姑娘笑盈盈伸手一指，顺着那小手的方向他们看到在马头的眼睛位置，竟活脱脱一只下山斑斓虎！到了这时，你怎能不感叹哈尼人的鬼斧神工？试想，他们在几十米的山崖下弯着腰开垦水田的时候，又怎会想到有这样奇妙的结果？大约有半个小时左右，挤了100多位摄影师的观景台上除了快门的咔嗒声居然一片静寂。能与这么多同道中人一起体会这种心灵的震撼，何其壮哉！

第三天【120公里】新街镇—多依树—老虎嘴—新街镇

遭遇了前一天的大雾，对于看梯田日出心里有些打鼓，经验丰富的小杨却告诉我们，这梯田的天，一天三变，谁也说不准，但是一定得早去，让我们早晨4点就出发。4点？真的要那么早吗？不太情愿地听了他的话，第二天天还黑着就上路。一个多小时以后，著名的日出拍摄地多依树到了，这里更是伸手不见五指。只听得耳边却是人声嘈杂，几乎全都传递着一个信息——“还有位置吗？”

同行的两个朋友都是摄影发烧友，这次来之前特意购置了一些顶级的器材，像徕卡M7、玛米亚、佳能的1DSMark3等等。长枪短炮

迅速拿下车，头灯一打，赫然发现窄窄的三层观景台上已经摆满了大大小小的三角架！而且，架子上的机器一台比一台专业，其中不乏617和8X10这样的大块儿头，看来传说中的拍摄圣殿还真是名不虚传啊。

离上次去元阳已经有几年了，时至今日，我最难忘的就是那鸡蛋叫卖声里的晨光。粗一看，肯定以为这句话写反了，应该是晨光里的鸡蛋叫卖声才对，但在多依树就是这样的。从我们下车的那一刻起，一个个端着饭盒、保温桶、瓷盆甚至就是大海碗的哈尼族孩子就冲了上来，用一种带着旋律的好听声音一直叫着“叔叔买个鸡蛋吧，娘娘（云南管阿姨叫娘娘）买个鸡蛋吧……”别小看这几个鸡蛋，这时的气温只有零下五六度，人们虽然穿着各种专业的冲锋衣还是在寒风里直发抖。这些五六岁到十几岁的哈尼孩子深夜出门，走了几十里山路怀揣来的热热的鸡蛋，无疑对我们是一种身心的诱惑。于是，在祈盼着晨光的时候，每个人的手里几乎都握了一个带着体温的鸡蛋。

当一缕晨光从山那边冒出头来，最先欢呼的竟然是那些孩子，他们扬着冻红了的小脸儿，向着渐渐染粉的山尖儿和渐渐露面的梯田真诚地欢呼。

TIPS

住宿：

弥勒县城中有许多宾馆、酒店，100元左右就能住上不错的标间。如果想泡温泉也有很多温泉旅馆可以选择，但要注意春节的时候入浴之前之后都非常冷，体质弱的人最好不要尝试。

元阳最好的酒店就是新街镇的元阳大酒店，标间280元/天。

必需装备：

去红河州旅游至少要带上两季的衣服，多厚都不算热。还应该带一件轻便的雨披，既可以在下雨的时候挡挡雨，也可以在走累了的时候铺在地下歇歇脚。

手电筒或头灯一定要带，去拍梯田的日出常常要早晨4点多就在观景台上占机位了，去晚了绝对没有好位置。

保温水壶是这个地方的一大独特装备，就是穿再厚的衣服，在阴冷阴冷的观景台上站几个小时也会全身冻僵，所以最好带上一个大个儿的保温水壶，来点儿热水或者热咖啡，方能坚持到云开雾散的时候。

关于租车：

一般在昆明租车比较合适，一般的越野车或者9座的商务旅行车是1500元/天，带司机，但要负担司机沿途的食宿。

吴哥
千年的微笑

撰文、摄影 / **文玉**

她静静地在这里伫立千年，笑看世间风雨雷电、沧海桑田，看尽人间慈、悲、喜、舍……走进吴哥窟，便如同沐浴在佛祖的微笑中；穿梭在遗址中间，便如同踏进了时光隧道。巨大的碑石雕刻着它昔日的繁华和无数次的战争、杀戮、王朝兴替，可是，吴哥依然那般淡定，这般微笑。吴哥窟的魅力，只有亲自去抚摸千年前的石柱，亲自虔诚地膜拜神秘的四面佛，与传说中的吴哥微笑对视，才能真正体会到——笑看云卷云舒，花开花落……

穿越这道时空之门，跟我走吧！